本书由河南省高等学校哲学社会科学研究“三重”重大项目(2014-SZZD-28)
专项资助出版

农地流转绩效评价及空间决策支持系统构建

栗滢超 著

中国矿业大学出版社

内容摘要

农村土地流转作为社会发展到一定阶段的产物，是传统农业向现代农业过渡的必经环节，科学规范的农地流转有利于实现土地资源的高效利用以及土地利用关系的协调化。掌握农地流转后的绩效状况并对农地流转进行信息化管理是规范农地流转的主要途径之一。本书在博弈理论、地租地价理论、信息经济学理论等相关理论的支撑下对农地流转绩效的内涵、评价及应用进行了系统研究；在对农村农地流转绩效综合评价的基础上，建立了基于 ArcGIS 的农地流转数据库，设计开发了农地流转绩效评价决策支持系统，以更好地支撑农地健康流转。

图书在版编目(CIP)数据

农地流转绩效评价及空间决策支持系统构建/栗滢超著. —徐州：中国矿业大学出版社，2017.9

ISBN 978-7-5646-3723-1

Ⅰ. ①农… Ⅱ. ①栗… Ⅲ. ①农业用地—土地流转—研究—中国 Ⅳ. ①F321.1

中国版本图书馆 CIP 数据核字(2017)第 245743 号

书　　名　农地流转绩效评价及空间决策支持系统构建

著　　者　栗滢超

责任编辑　潘俊成　孙建波

出版发行　中国矿业大学出版社有限责任公司

（江苏省徐州市解放南路　邮编 221008）

营销热线　(0516)83885307　83884995

出版服务　(0516)83885767　83884920

网　　址　http://www.cumtp.com　**E-mail**：cumtpvip@cumtp.com

印　　刷　徐州中矿大印发科技有限公司

开　　本　787×960　1/16　**印张** 8.75　**字数** 176 千字

版次印次　2017 年 9 月第 1 版　2017 年 9 月第 1 次印刷

定　　价　30.00 元

前　言

土地问题是“三农”问题中的一个重要问题。我国自1978年实行家庭联产承包责任制以来，农户的生产积极性得到充分调动，农村发生了巨大变化。但伴随着城镇化、工业化的快速推进，以家庭分散经营为主要特点的承包责任制难以适应规模化、高效化的现代农业要求，全国各地随之展开了一系列农村土地流转实践活动。目前，农村土地流转呈现参与主体多元化、流转方式多样化的特征，但农地流转规模较小、耕地细碎化以及流转信息传递不完整、农用地流转后出现“非农化”、“非粮化”倾向逐渐凸显。因而，及时了解和掌握农地流转后对社会经济生活产生的影响，指导农村农用地健康流转，实现农村土地资源的优化配置是当前需关注和解决的主要问题。

农业是国民经济发展中相对薄弱的环节，农业信息的发展也相对滞后，实现农地流转信息化管理是规范农地流转的主要途径之一。本书在地理信息系统理论、博弈理论、地租地价理论、信息经济学理论等相关理论的支撑下，在对农村农用地流转绩效评价基础上，建立了基于ArcGIS的农地流转数据库，设计开发了农地流转绩效评价决策支持系统，以更好地支撑农地健康流转。具体来说，本书内容包括：

1. 建立了农地流转相关主体行为博弈模型。在对目前农地流转发展过程梳理的基础上，围绕经济效益分别建立了农地流入方与农地流出方的租金博弈模型、基层组织与农地流转双方行为合法性博弈模型，分析了在不同情境下农地流转相关主体可能的行为选择，为农地流转绩效评价奠定基础。

2. 实证分析了农地流转绩效评价问题。构建农地流转综合绩效评价体系，在实地调研基础上，分别运用层次分析法和模糊综合评价法研究调研区农地流转绩效。结果表明，模糊综合评价法有效降低了个人主观因素对评价结果的影响，该方法得到的结果更贴近实际。

3. 设计了农地流转绩效评价决策支持系统的体系结构框架。在需求分析基础上，依据科学性、实用性、开放性、可靠性及可操作性等原则，将农地流转绩效评价模型与GIS技术相耦合，设计了基于GIS的农地流转绩效评价决策支持系统，实现对抽象数据及绩效评价结果的可视化，用此系统可以及时了解农地流转状况，为监管农地流转后的状况提供了技术支持。

4. 设计并建立了农地流转绩效评价数据库。采用E—R模型建模法，建立了农地流转数据库概念模型，基于用户需求，设计了基于GIS的农地流转数据模型，通过数据转化、矢量化等方法建立农地流转数据库，实现对农地流转信息的及时掌握。

5. 完成了农地流转绩效评价决策支持系统的开发。运用模糊综合评价理论建立了荥阳市农地流转绩效评价模型，并将此模型与GIS技术耦合，开发出基于GIS的农地流转绩效评价系统，对农地流转绩效评价结果进行显示，效果良好。

著　者

2017年5月

目　录

第1章　绪　　论

1.1　选题背景与意义

1.1.1　选题背景

土地问题是贯穿中国几千年发展的重大问题，也是我国“三农”问题中的一个重要问题。土地资源作为地球资源的重要组成部分之一，是社会一切生产、生活和建设所必需的物质条件。在新中国成立后的60多年的历史发展过程中，中国土地制度经历了比较曲折的变革，呈现出阶段性的发展轨迹，其整个变革过程可分为3个发展阶段：第一阶段（1949～1956年），实现了土地所有权由农民个人所有到农村集体所有的转变；第二阶段（1956～1978年），基本确立了农地集体所有制；第三阶段（1978年至今），实行家庭联产承包责任制，允许农民以多种形式流转土地经营权。我国自1978年实行家庭联产承包责任制，农民的主观能动性得到极大调动，农业生产效率也得以提高，农村经济社会发展发生了巨大变化。然而伴随城镇化、工业化的快速推进，以家庭分散经营为主要特点的承包责任制已难以适应以规模化、市场化、高效化、组织化为主要特征的现代农业要求，为克服家庭分散经营所带来的土地利用低效率问题，全国各地自发开展了一系列农地流转实践活动。农地流转指转让农地使用权，保留农地承包权，根据国家相关规定，农地流转不能改变农地的农业用途。农地流转是土地资本商品化经营的选择，是社会发展到一定阶段的产物，只要土地形成合理流动，就可以为土地资源的利用高效化、利用关系协调化创造客观条件。

农地流转政策作为我国农村土地制度的重要组成部分，在农村经济社会发展中发挥着重要作用。

河南省是全国重要的农业大省，拥有全国约十六分之一的土地。随着社会经济的发展和城镇化进程的加快，近几年，农村青壮年劳动力陆续向非农产业转移，为农地流转的产生创造了客观条件。河南省农地流转的速度和规模目前呈加速发展态势，据统计，截至2015年年底，河南省农村土地流转面积3 887万亩，占家庭承包经营面积的39.8%，是全国农村土地流转面积占耕地面积比重较大的省份之一。其中：转包1 629.7万亩，占土地流转面积的41.9%；出租1 263.8万亩，占土地流转面积的32.5%；互换745.9万亩，占土地流转面积的19.2%；转让71.7万亩，占土地流转面积1.8%；股份合作47万亩，占土地流转面积的1.2%；其他形式128.9万亩。河南省农地流转呈现以下几个特征：一是农地流转主体多元化。随着城镇化建设的推进以及农村经济的发展，农地流转主体有农业龙头企业、农民专业合作社、农业专业大户以及工商企业等，规模经营主体逐渐成为农地流转的受让方。二是农地流转形式多样化。目前，农地流转已由早期的代耕、互换发展为转包、出租、土地股份合作等多种形式。三是农地流转规模逐渐扩大。农地流转已逐步由农户分散经营向规模化、集约化经营方向发展。据统计，2015年年底河南省依法登记注册的合作社达11.6万家，家庭农场1.97万个，种粮大户4.3万户，农业产业化龙头企业6 500多家。土地经营大户是带动农地流转的主力局。

我国的农地流转始于20世纪80年代中期，历经30多年的发展，已由最初的自发型向有组织、小规模向大规模、亲戚间向社会层转变，呈现出参与主体多元化、流转方式多样化的特征。农地流转反映了生产要素合理流动和资源优化配置的要求，惠农政策使越来越多的主体有为扩大经营规模而转入农地的需求，同时伴随城镇化的推进，农村劳动力的转移使农地供给量也日益增多，以上为农地流转的发生创造了客观条件。中央一号文件也多次指出，“鼓励和支持承包土地向专业大户、家庭农场、农民合作社流转，发展多种形式的适度规模经营”。河南省地方经济社会调查队的调研数据显示，截至2013年年底，河南全省农村土地流转面积已达3 216万亩，占家庭承包耕地面积的33%，在调查的600户农户中，超过50%的家庭劳动力从事非农行业，约41.1%的劳动力外出就业，随着大量农村劳动力转向二、三产业，农地流转的速度在逐步加快。农地流出后，约七成流转给土地经营大户，只有不足三成的土地流转给一般农户。在生态文明引领经济社会全面发展的背景下，如何有效提高农地资源效率、引领农地流转健康发展，已成为解决城乡统筹发展的关键问题之一。我国目前正处于新型城镇化、工业化快速发展的关键时期，有效的农地流转能够更好地服务于乡村土地利用。科学地评估农地流转绩效能够促使其发挥更大效益，实现农地流转与土地整治、现代农业、农村产业及新农村建设的高度融合，协同发展，进而为中国农村经济社会稳定持续发展提供一定支撑。因此，作为传统农业向现代农业过渡的必经环节，如何科学评价农地流转后的绩效问题已成为当前土地科学领域研究的前沿和热点问题之一。

1.1.2　选题意义

农地流转绩效作为影响农地流转的主要因素之一，反映了农地流转后可能会带来的土地利用率的提升，以及对社会、经济及生态可能产生的影响。通过农地流转绩效评价，可为确定最佳农地经营规模提供参考，同时促进区域农地资源可持续利用。因此，实时掌握农地流转后的农地利用状况并科学评估农地流转绩效，有利于土地及农业部门的业务管理，也为农地流转相关主体做流转决策时提供参考。

农地流转虽已历经30多年的发展，但整体看，农地流转市场依然发展迟缓。农地流转规模较小、耕地细碎化、流转信息传递不完整等问题依然普遍存在。目前一些地方虽然建立了农地流转信息平台，但仍存在诸多问题。信息发布不及时、不全面，农地质量信息欠缺等问题影响着农地资源的优化配置以及农地流转市场的健康发育。信息问题已逐渐成为当前农地流转面临的主要问题，由此而引起的农地流转发育缓慢问题已逐渐成为当前农村、农业发展必须解决的一个现实问题。因而，如何科学评估农地流转效益并构建农地流转综合信息数据库，进而为农地流转主体及管理服务单位提供决策服务已成为一个亟须解决的科学问题。

目前土地承包经营权流转大都采用人工管理方式，即以纸质方式存放各种文档资料和地图资料。但由于农地流转过程隐藏着大量数据，且手续繁杂，传统的手工管理方式不利于对土地利用效率及效益进行统计分析，制约着土地资源管理效率；另外，由于农地流转信息在很大程度上是一个集空间数据和属性数据于一体的信息，传统的管理信息系统(MIS)不具备空间地理坐标信息，难以满足农地流转对空间信息及辅助决策的需求。

地球空间信息科学是对与地球和空间分布有关的数据进行采集、分析、存储以及应用的一门科学与技术，也称为地理信息科学或空间信息科学。空间信息技术主要包括卫星定位系统、遥感及地理信息系统等理论与技术。随着社会信息化进程的加快，以空间信息处理为核心的地理信息技术已经被广泛应用在地质勘探、环境治理、水利普查、城市规划、土地调查等多个领域。地理信息系统存储的空间数据结合相关模型和决策支持系统可以形成强有力的管理工具，为农业精细管理提供技术支持。作为分析和处理海量地理数据的通用技术，地理信息系统(GIS)在信息采集、存储、管理、分析等方面较其他管理信息系统有明显优势，主要表现在对空间信息的处理、分析及综合表达方面。由于信息系统的最终目标是为管理服务，只有当一个信息系统与管理、决策和控制联系在一起时才能充分发挥效应。决策支持系统(DSS)作为一种计算机程序系统，能找出数据库中的必要数据，并利用相关数学模型，产生用户所需信息，进而为决策者提供辅助决策，但目前大多数的决策支持系统不能直观描述对象的空间位置、布局等相关信息。

随着GIS与决策支持技术的发展，地理信息系统与决策支持系统二者耦合可以提高GIS的空间决策分析能力，提高管理和决策的有效性。鉴于目前我国农业信息化程度较低，农地流转日常管理工作大多仍处于人工管理阶段，因而设计专门农地流转绩效评价决策支持系统，相对于普通的信息发布类的农地流转信息网站，该系统能较直观地反映流转地块的空间位置及其周边空间信息，及时掌握土地资源的流转供需情况，掌握土地权属的变化状况及农地流转后社会、经济、生态效益状况。即一方面实现对农地流转地块面积、承包人信息、农地流转价格等基础数据的管理，另一方面可以利用评价模型对农地流转绩效进行辅助决策，有利于解决与土地利用有关的决策问题，这对合理调控农村农地利用，加强对土地资源的优化配置有着重要的现实意义。

1.2 概念界定及理论基础

1.2.1 相关概念的界定

根据本书的研究内容，对书中涉及的概念作如下界定：

① 农地：是一种简称，狭义理解为耕地。目前对农地的理解主要有两种：一种指农业用地，根据国土资源部颁布的《土地利用现状分类》(GB/T 2010—2007)规定，农用地指耕地、林地、园地、草地及其他农用地；另一种理解指农村土地，包括农业用地、非农建设用地、未利用地。本书将农地界定为土地利用现状为用以农业生产的土地，即指耕地、林地、园地、草地及其他农用地。

② 农地流转：目前对农地流转的理解有两种，一种理解是农用地流转，指保留农用地承包权，转让农用地使用权；另一种理解是农村土地流转，现今农村土地流转包括农村农用地流转和农村集体建设用地流转。农村集体建设用地是指城镇以外，乡(镇)村集体经济组织以及农村个人投资或集资，进行非农业建设所使用的农村土地。本书所指的农地流转是指农用地流转，即指耕地、园地、林地等农用地流转。

③ 农地流转绩效：绩效通常指正在进行的某种活动或者已经完成的某种活动取得的最后成绩。国际绩效促进协会的解释表明，绩效不但是一种活动，而且有可测量的结果。综上，绩效既可以看作是一个过程，也可以

看作是该过程产生的结果。农地流转绩效是指在农村社会经济发展过程中，在其他影响因素不变的前提下，由于“农地流转”因素的变动对农村社会经济发展结果带来的影响。

1.2.2 研究理论基础

（1）博弈理论

博弈理论作为一种决策方法，是以数学作为研究基础。它着重研究当一个决策主体做出选择时会受其他主体的选择影响，反过来该决策主体做出的选择也会影响其他主体的选择结果时的决策及均衡问题。选择结果时的决策及均衡问题博弈的6个关键要素分别是博弈方、博弈信息、博弈策略、博弈次序、博弈方得益、博弈决策准则。

博弈理论已经被广泛应用到经济、社会等各个领域。博弈理论的主要思想是假定博弈决策参与者都是理性的，在博弈局势中，各参与者在综合考虑其他参与者可能对自己的行为产生何种反应的基础上而选择自身的行动方案。农地流转的过程也是各方参与者相互博弈的过程，农地流转政策的执行过程可能因各方参与者为自身利益而使用不同策略的影响。博弈的典型特征是参与者既存在合作，又存在冲突，而农地流转的过程也是农户、种植大户、村集体、农业合作组织等多方利益博弈的过程。

（2）地租理论

威廉·配第首次提出地租是土地的剩余收入，而且土地条件不同，地价也不同。法国重农学派代表杜尔阁在《关于财富的形成和分配的考察》中指出，地租是指由农业劳动者生产而被土地所有者无偿占有的那部分剩余产品，产生的基础是土地权利制度，土地的自然属性是地租产生的内因，杜尔阁初步揭示了其与土地所有权的关系。

马克思批判地继承了古典经济学的地租理论，并在此基础上创立新的地租理论。马克思的地租理论认为，地租是土地所有者凭借土地所有权获取的土地收益，可分为绝对地租、级差地租和垄断地租三种形式。他指出，土地自然质量差异是级差地租产生的自然原因，土地所有权和经营权的垄断分别是产生绝对地租和级差地租的根本原因。马克思地租理论对分析我国农村土地流转有重要的指导意义。

(3) 农户经济行为理论

农户经济行为是指农户为满足自身的物质或精神需要,在特定的社会环境中所进行的一系列经济活动,如生产投资行为、消费行为、择业行为等都组成了农户的经济行为。美国著名经济学家西奥多·舒尔茨认为,如果合理地发展农业,农业可以成为经济增长的原动力。随着社会的快速发展,农户在生产过程中要想打破"拐杖逻辑"(即中国小农家庭的收入是农业收入和非农兼业收入之和,后者是前者的拐杖)的约束,就必须对其经济行为进行不断调整,将经营目标由低级向高级转变。农户行为是农业市场化的反映,要实现农业现代化、规模化发展,就要求农户不断地转变其经济行为。

目前我国农户大都是半自给半商品生产,其经营目标是在保障家庭收入稳定的同时实现家庭收入的增长。对于纯农业户来说,种植作物是其家庭收入的主要来源;而对于兼业农户来说,种植业确保家庭收入稳定,非农产业则承担家庭收入增长的目标。对农地流转后的绩效进行研究,可以更好地指导农户分配农地资源。

(4) 人地关系理论

人地关系是指人类活动及生存发展与自然环境、社会组织等多层面系统之间所形成的相互依赖与相互作用的关系。在人地关系多层次系统中,人与土地综合体的关系是人地关系的基本,也是人地关系的核心问题,其他的人地关系都是在这一基础上的扩展和延伸。"人"与"地"之间关系相互影响,相互制约。在土地利用过程中,不当的土地利用可能导致人地关系由以往的"改造—适应"转向"破坏—衰败",人地矛盾进一步加深。农地流转的过程也是人与土地之间相互作用、相互影响的过程,如何使农地资源得到合理配置,人地关系达到一种最佳状态,是农地流转需要关注的重要问题。

(5) 信息经济学理论

信息经济学萌芽于20世纪20年代，到50年代末60年代初信息经济学正式诞生，1959年马尔萨克的《信息经济学评论》和1961年斯蒂格勒的《信息经济学》是其诞生的标志。信息经济学是经济科学在信息时代的发展和延续，既考虑信息在任何经济组织中的作用和地位，也考察信息系统和信息产业中的经济问题。信息经济学主要研究信息及其特性对经济主体的行为与相互关系的影响，旨在借助信息以减少或消除不确定性因素所带来的影响。信息经济学修正了传统经济学的信息完全假设，以信息不完全作为假设，注重经济行为主体间相互关系以及其决策和行动的研究，着重研究信息如何影响人们的具体经济行为及结果。现实经济活动中普遍存在信息不对称现象。在当前农村信息建设相对落后的情况下，参与农地流转的不同主体掌握的流转信息也是不同的，直接影响着农地流转的进程。因而，深入探讨信息对农地流转的影响有助于更全面地理解农地流转市场机制。

（6）地理信息系统理论

地理信息是指表征与地理环境固有要素有关的物质的数量、质量、分布特征、联系和规律等的数字、文字、图像和图形等的总称。地理信息系统有时又称为“地学信息系统”，是信息系统的一种，指用空间数据表征地球表层空间地理现象，并对地理空间数据进行加工处理，提取有用信息及知识的信息系统。不同学科和不同领域对GIS的理解不尽相同。从技术角度考虑，GIS是管理、分析和显示空间数据的技术系统；从应用角度考虑，GIS的应用可以深入到各行各业，是一门以应用为目的的信息产业；从学科角度考虑，GIS是在地图学、计算机科学、地理学等学科基础上发展起来的一门新兴交叉学科；从发展角度考虑，应社会各行业的需求，GIS会进一步发展为交叉性的边缘科学；从系统学角度考虑，GIS具有一定结构和功能，是一个完整的系统。现代农业是广泛应用现代科学技术、对生产资料进行科学管理的社会化农业，以地理信息系统作为技术支撑，可以实现对农业资源进行实时监测。

1.3　国内外研究现状及述评

1.3.1　国外土地信息系统发展状况

土地信息表示一定区域内各种土地要素，包括气候、地形、地质水文、土壤、动植物等自然要素以及它们与人类过去和现在劳动成果相结合的自然—经济综合体的数量、质量、分布特征、联系与规律。土地信息包括资源环境信息、服务设施信息、地籍管理和土地利用信息以及与之相关的社会经济信息，见图 1-1 所示。

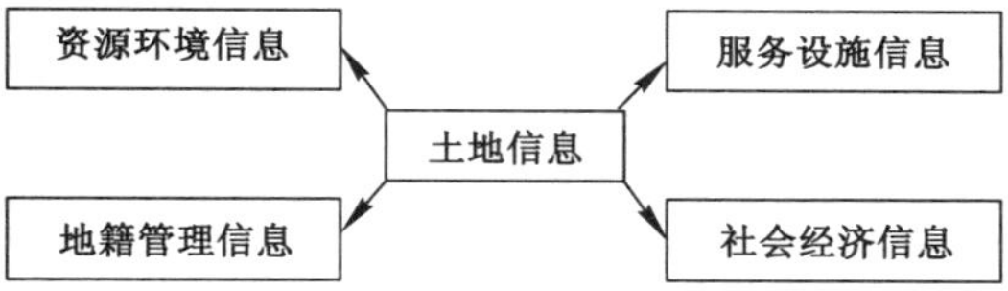

图 1-1　土地信息关系图

土地信息系统的建设始于 20 世纪 60 年代，为了清查土地，加拿大土地资源调查机构研发了土地数据处理系统 CGIS，这是世界上第一个能够投入实际应用的地理信息系统。自此，国土资源管理进入了信息化的时代，国土资源部门对土地信息的管理方式得到了彻底改变。

国外近 60 年来土地信息系统的发展情况如下：一是土地信息系统的研究探索阶段。该阶段对 GIS 的研究主要停留在实验室研制阶段。自世界上第一个 GIS 建成后，西欧和北美也相继成立科研机构，开始从事计算机制图与空间数据分析方面的研究。二是土地信息系统的发展阶段。该阶段随着计算机技术的应用化规范的制定，土地信息系统在西方国家得到快速发展和推广应用，如荷兰、德国、瑞士和奥地利等西方国家在地籍信息化管理方面取得了一定成效。美国也相继研发了土地信息系统，并于 1969 年成立了 ESRI 公司，该公司现已逐渐发展为全球领先的地理信息系统平台软件及服务提供商。三是土地信息系统的巩固阶段。该阶段计算机硬件和软件技术均得到飞速发展，20 世纪 70 年代后，促使地理信息系统朝着实用的方向飞速发展。美国、德国、荷兰等国家也逐步开始将地理信息技术应用到地籍数据管理中，开始运用 GIS 技术对地理图件进行矢量化、对数据进行及时更新等工作。四是土地信息系统的用户阶段。进入 90 年代，土地信息系统的研究得到进一步发展，并得以不断完善。美国、荷兰、德国、希腊、澳大利亚等国建立的地籍管理系统实现了将空间数据与属性数据存储在同一个数据库中。随后土地信息系统得到了广泛的推广应用，如土地利用总体规划信息系统、土地利用现状调查信息系统、建设用地审批信息系统、农用地分等定级与估价信息系统等。

总之，发达国家对土地信息系统的建设已经有较长时间，大多已完成了国家级土地数字化建设，在区域土地利用及社会经济可持续发展中发挥着重要作用。如芬兰设计开发的 JAKO 系统重视数据采集、更新效率，采用超文本用户界面以及具有强大的 Internet 服务功能等；荷兰向社会提供在线土地信息服务，其系统是基于 GIS 和数据库技术，在国家基础信息建设框架下完成的。欧美等发达国家注重农业信息化发展，农业信息技术具备集成化、专业化、普及化等特点。美国、澳大利亚、法国和日本的农业信息化领先世界。美国的信息技术高度发达，构建了完整规范的农业信息服务体系。作为欧盟最大农业生产国以及世界第二大农产品出口国，法国十分重视农业信息化建设，信息技术的应用程度很高，实现了精准施肥、精准灌溉等。随着信息技术的快速发展以及现代农业发展的内在要求，土地信息系统作为空间数据基础组成部分将会更多地应用于农业领域。

1.3.2 国外农地流转绩效研究状况

国外多数国家实行土地私有制，其土地所有权可以直接进行买卖，土地使用权可以通过多种形式进行流转，如租赁、置换、转让等方式。国外发达国家的农地流转有以下几个特点：① 基于社会发展、农业科技进步、城镇化、工业化等推拉作用，农地流转的目的和结果都是扩大农地经营规模。

② 农地流转市场需要政府立法及国家政策的支持。③ 农地私有制国家仅依赖市场的推动,并不能完全实现农地资源的优化配置。

查阅国外文献,大多学者从理论基础、产权制度及市场角度展开研究。其研究主要围绕以下几方面:

一是农地流转理论基础研究。目前已经形成了较完善的基础理论体系,如地租理论、产权理论、制度变迁理论等。Karl Marx 的地租理论认为,土地所有权在经济上的实现形式是地租;Ronald H. Coase 的产权理论认为,不管农地产权制度如何,市场交易能够实现资源的有效配置。国外学者研究表明,地权稳定可以促使土地所有者进行长期投资。

二是农村土地交易及其效率研究。国外农村土地交易实践及相关研究表明,农村土地交易有利于土地资源的有效利用。原苏联、中东欧和少数发展中国家对农村土地市场交易以及农村土地规模经营方面的研究相对较多。地租地价理论认为,地租地价的差异主要来自土地自然质量差异、土地利用条件差异以及交通便利度等因素所形成的。降低交易成本的途径有两个:一是农地产权界定清晰,二是农地实行自由交易。通过降低农地交易成本,可以有效地提高农地资源利用率。已有的交易实践表明,农地所有权的交易容易导致农地过度集中,造成家庭经济困难的农户不易得到土地。为避免这种情况的出现,多数国家制定了干预政策和限制措施以阻碍农村土地自由交易。印度实行土地改革后,大约有 20%的农户通过佃农登记获得土地。对于实行土地私有制的发展中国家,由于其社会保障制度和金融体系不健全,使得农民对土地有强烈的依赖感,这在一定程度上阻碍了农村土地买卖交易。目前农村农地交易最主要的方式是农地租赁。

三是土地规模经营绩效问题研究。土地自由交易在一定程度上可能会促使土地相对集中,形成规模经营。国内外已有研究表明,农地流转可以实现规模经营,进而提高农地利用效率。但也有研究表明,在现有家庭联产承包责任制下,农户的农地质量较高或者分配所得的农地相对集中,反而影响农户农地流转积极性,不利于农地流转发生。

1.3.3 国内土地信息系统发展现状

我国土地信息系统大致于20世纪70年代起步,90年代进入全面发展与应用阶段,其发展历程主要经历以下几个阶段。首先是土地信息系统起步阶段。计算机在制图、遥感、测量等领域中的应用始于70年代初,1977年我国诞生了第一张由计算机输出的全要素地图,1978年,陈述彭院士倡议在全国开展地理信息系统研究。以上奠定了我国土地信息系统研制、开发与应用的基础。二是土地信息系统试验阶段。我国自80年代引进地理信息系统技术,并将该技术应用于土地管理行业,设计与开发了一些实验型信息系统,但在功能、操作等方面存在不少问题。三是土地信息系统全面发展阶段。90年代,我国地理信息系统进入全面发展阶段,国家提出了地理网格标准,并研究相关信息系统标准与规范,设计开发了基于土地业务的信息系统。

总体讲,我国土地信息系统的研究起步较晚,自90年代才开始向实用方向发展。近十年,国内土地信息系统虽然得到快速发展,但主要应用于国土资源领域,如天津市国土资源局研发的土地征收专用系统、土地挂钩试点系统、土地开发复垦管理系统等。国土资源部门通过打造电子政务平台,打破"信息孤岛",逐步实现信息共享和协同办公。总之,当前国内土地信息系统在生产实践中的应用不多,综合性且具有决策功能的土地信息系统应用较少。

农业作为国民经济中较薄弱的一环,推进农业信息化建设有助于为社会提供基础信息服务,同时也可为政府部门及中介组织提供辅助决策。当前我国农业生产及资源利用大多仍依赖人工管理,面对当前土壤污染、生态退化以及土地违法等诸多问题,构建农业资源利用信息系统是解决上述问题的主要途径之一。信息化农业已逐步成为现代农业发展的主流方向。土地信息系统具有较强的应用优势,可对农业资源进行有效管理。

1.3.4 国内空间决策支持系统研究现状

空间决策支持系统(SDSS)是DSS(决策支持系统)与GIS(地理信息系

统)结合的产物，最早是由 Densham 和 Goodchild 于 1988 年提出的。它利用与空间相关的数据以及模型技术辅助决策者解决问题。SDSS 在 GIS 基础上引入模型库和模型管理系统等概念，从根本上改变了 GIS 的驱动机制。SDSS 提供了一个集成框架，用于帮助决策者解决复杂的空间问题。为了有效地支持复杂的空间问题的决策，SDSS 必须具备以下功能：① 使用地理数据和模型获取有助于决策的信息；② 交互式，允许用户灵活、反复地探索决策问题的求解空间，制定、分析、评价多种决策方案；③ 用户界面易用，其主要用户为缺乏 GIS 和模型知识的管理人员；④ 决策问题的求解及决策方案产生的过程应透明，能为用户理解和接受；⑤ 大多使用专业模型，为特定用途设计。

空间数据库内包含空间数据及属性数据集合，由于有空间数据库的支持，SDSS 显示出强大的决策支持能力。马雷等研究了基于 GIS 的矿井水害防治辅助决策支持系统；李峙等探讨了土地可持续利用评价空间决策支持系统(SDSSESLU)的构建；冯克鹏探索了宁夏水资源优化配置决策支持系统；刘晓慧研究了基于预案的突发地质灾害智能应急决策支持模型；郑重等把 SDSS 用于“数字生态”系统研究；贾正长等设计开发了城市生态规划决策支持系统；夏敏探索了农地适宜性评价空间决策支持系统。国内虽已有把空间决策支持系统应用到资源利用方面，但在农业资源方面的应用空间还很大。

1.3.5　国内农地流转绩效研究现状

国内学者认为，农地流转作为生产力发展的必然结果，反映了生产要素合理流动和资源优化配置的必然要求。目前中国农村农地流转形式多样，主要以代耕、互换、出租、入股为主。代耕即代为耕种，多发生在熟人之间。互换指在同一集体经济组织内，农地承包方之间为彼此方便而相互交换土地承包经营权。出租是指农户将承包来的土地经营权租赁给种植大户或企业。入股指农户将土地承包经营权作价为股份，并以此参与股份制经营的年终分红。本书农村农地流转是指农村农用地承包经营权(使用权)流转,我国农村农地流转经历了从禁止到允许的过程。自1993年以来,国家开始逐步允许农村土地使用权流转,并在实践中不断创新农村土地制度。

20世纪90年代以前,中国农村承包地流转的发生率一直偏低。根据统计数据,2003年土地承包经营权流转面积占农户承包地总面积的4%~8%,城市郊区等相对发达的地方也只有20%左右;而到了2008年、2009年,农村承包地流转面积占到了承包地的20%。2014年6月底,时任农业部部长韩长赋在农地流转视频会议上表示,全国农村承包耕地流转面积达3.8亿亩,占承包耕地总面积的28.8%。

国内相关部门及学者对农地流转的实践问题进行了大量调查。国家统计局黑龙江调查总队对黑龙江省农村农地流转状况进行了问卷调查并对各地相关部门进行了农地流转情况调研,调研结果表明,黑龙江省的农村农地流转规模在逐步扩大,农地流转价格增长较快,农地流转参与方扩大流转规模意愿强烈,同时流转过程中也存在流转运作不规范、流转期限较短、连片规模经营存在障碍、缺乏市场机制、农户土地边界和面积确权较难、服务保障体系不健全等问题。2014年河南省地方经济社会调查队对全省农村农地流转调研结果显示,参与农地流转的农户由2010年的100户增加到2014年的380户,农地流转面积相应地由478亩增加到1 994亩。

(1) 农地流转现状研究

国内学者对农村农地流转方面的研究大致可分为三个阶段:第一阶段,20世纪80年代中期至21世纪初为研究起步期;第二阶段,2000~2008年为研究发展期;第三阶段,2009年至今为研究的高峰期。这方面的研究主要包括农地流转发生率、农地流转形式、农地流转地域分布特征等方面研究。已有学者研究表明,我国农村承包地流转具有明显的地域性。叶剑平等学者基于对全国17个县的调查数据表明,东北地区和东部沿海地区的农地流转市场发育相对成熟一些,而中西部地区则相对迟缓。以2010年各地政府网站数据为例,全国平均农地流转比例为12%,而甘肃省兰州市土地流转面积仅占承包地面积的2.79%，河北省唐山市农村土地流转面积占承包地面积的比例为3.8%，吉林省吉林市土地流转面积占承包地面积的9.34%，安徽省铜陵市农村流转耕地面积占承包地面积的41.87%，广东省中山市土地流转面积占承包地面积的比例则高达85.30%。由此可见，农地流转区域差异性较大，各地流转情况不均衡的原因可能是由于经济发达地区的工业化、城镇化水平较高，农民对土地的依赖程度相对较低；部分偏僻地区承包地流转次数虽然较多，但流转期限较短，流转形式多为口头协议，很少形成农业产业化生产。

(2) 农地流转影响因素研究

我国农地流转的产生受经济、社会及历史背景的影响，不同时期农地流转产生的原因也不尽相同。当前我国农村农地流转正处于初始发展阶段，农地流转的市场管理与服务体系尚有待健全。国内不少学者从不同角度对农地流转的影响因素进行了实证分析。郭嘉、吕世辰(2010)利用主成分分析法对影响农地流转的众多因素进行简化，并构建了多元线性回归模型，认为现有耕地情况、农地流转方式与经济状况对农村农地流转程度存在正向显著性影响。江淑斌、苏群通过分析经济发达地区农户农地流转行为，认为资源禀赋差异、种植业调整和劳动力转移是农村农地流转的主要动力，农业劳动力老龄化抑制农户间的农地流转。游国勇(2013)在对山东省寿光市农村农地流转调研的基础上，通过定性分析得出目前土地产权主体不明确，社会保障制度不健全，农地流转市场发育不健全，阻碍了农地流转的进一步发展。同时农户劳动力禀赋，即受教育程度、户主年龄、收入水平等在微观层面上影响农户农地流转。通过AHP定量分析得出，非农就业比例、农业收入水平、农地流转市场的建设、土地和社会保障制度及中介组织对农地流转有主要影响。李彪、邵景安、苏维词(2013)通过构建数理模型，认为承包土地面积、农业生产收益安全系数、农产品价格、农业生产成本以及家庭拥有的资本量共同影响农业生产的净收益，农地流转净收益多少由单位面积农地流转年租金和流转年限共同控制，农地流转发生的根本力量及主要驱动因素是非农就业概率和非农就业工资。王杰、句芳

(2015)通过对内蒙古农村牧区实地调研,认为家庭承包地总面积、农地流转管制、土地肥沃度、非农业总收入占总收入比重、亩均农业补贴、社会养老保险等因素会促进农牧户农地流转。笔者前期对河南省粮食生产核心区(济源市梨林镇、郸城县石槽镇、孟州市石榴乡、夏邑县李集镇)、快速城镇化地区(中牟县雁鸣湖镇)及采矿塌陷区(永城市陈集镇)进行了实地调研,运用 Binary Logistic 回归模型对 328 份调查问卷进行实证分析,结果表明,户主是否有非农就业经历、家中以农为主的劳动力人数、家中人均土地面积以及政府是否支持等因素对农户参与土地流转行为有显著影响。

(3) 农村农地流转绩效研究

通过农地流转交易,激活农业剩余劳动力向城镇转移,使劳动力资源得到重新配置,为农业规模化、高效化经营创造条件,进而使农地资源的利用效益得到提高。已有的研究主要集中于农村农地流转制度、农村农地流转模式以及农村农地流转过程中存在的问题研究,而对农地流转绩效的研究相对较少。近几年在城乡统筹发展背景下,随着农地流转实践发生率的提高,国内学者开始逐渐关注农地流转的效益问题。大多研究已经证明,农地流转可以增加农户收入,提高农地利用效率。陈志刚、曲福田研究认为,稳定的农地使用权可以激发农户租入农地的动力,农户也可能会增大对农地的投入,当然不同主体管理农地所产生的效益也会不同。也有学者认为,短期的农地流转,在经济利益驱动下掠夺式种植可能会对土地质量造成不利影响。总之,已有对农地流转绩效研究的文献不多,已有研究多是对农地流转效益进行定性分析,少量的定量研究则是采用层次分析法,人们的主观因素较多,缺少对农地流转综合绩效的探讨以及对绩效的客观定量分析。

1.3.6 国内外研究文献述评

国内外关于农地流转绩效评价及农地流转信息化建设方面的研究状况如下。

农地流转绩效方面:从相关研究现状来看,国内外现有研究多是侧重于农地流转经济绩效，缺少对农地流转生态绩效、社会绩效、政策绩效等的综合考量。国外运用数量化方法对农地流转绩效进行研究值得我们学习和借鉴。从整体上看，国内学者对农地流转绩效研究较为薄弱，对农地流转绩效的研究仍处在探索阶段，且已有研究有两个突出特点：一是针对农村农地流转综合绩效的研究较少；二是对农地流转绩效研究大多是定性分析，缺少模型构建、GIS等定量化手段支持。

农地流转信息化建设方面：目前农地流转信息大多仍采用手工管理方式，不利于及时统计农村农地流转信息及其流转效益。从已有研究看，在信息技术推动下，信息服务的对象不断扩大，内容不断丰富，为农村农地流转信息化建设提供了技术支撑。目前土地信息系统主要应用于国土资源领域，而农地流转工作隶属于农业部门主管，农村农地流转信息化工作急需进一步完善。空间决策支持系统综合利用与空间相关的各种数据、知识等，利用模型技术，以辅助各级决策者。虽然SDSS的内容较复杂，但其已经在国内外多个领域开展相应的研究，推动了SDSS的发展与应用。但从总体看，其研究仍处于起步阶段，而且针对农村农地流转绩效评价的空间决策支持系统的开发研究尚未见到。

近几年，在新型城镇化背景下，农村农地流转得到了快速发展，在一定程度上推动了现代农业的发展。但也存在农地流转程序不规范、农地流转服务体系不健全、农地流转“非农化”、“非粮化”倾向严重等诸多问题。因而深入研究农地流转绩效问题，探索如何将空间决策支持系统引入到农地流转绩效评价研究中，以期实现对农地流转绩效的智能分析，辅助相关决策者进行决策，达到农地流转的科学信息化管理，以促进农地流转健康发展，是目前农地流转工作面临的新课题。

1.4　研究主要内容、思路与方法

1.4.1　研究的主要内容

本书探索了农地流转绩效的内涵、评价及应用，主要研究内容分为两大部分，即农地流转绩效评价研究和绩效评价决策支持系统的设计与开发，其中绩效决策支持系统是对农地健康流转的有力支撑。

（1）农地流转绩效评价研究

结合制度经济学、管理学、行为科学等相关学科理论，在对农村农地流转内在驱动机理深入分析基础上，运用博弈理论分析农村农地流转相关利益主体间的博弈关系，明晰影响农地流转综合绩效的主要因子，构建农地流转绩效评价指标体系，研究适宜农地流转绩效评价的方法。

（2）农地流转绩效评价空间决策支持系统的开发与实现

主要包括系统的可行性论证、需求分析、系统分析、系统设计、系统实现以及系统可靠性与实用性的测试。在农地流转绩效评价基础上，建立农地流转绩效评价空间决策支持系统，并用实例验证了该系统的可靠性与实用性，为农地流转绩效研究的推广应用提供了借鉴与参考。

1.4.2 研究思路

本研究的基本思路：首先分析农村农地流转及空间决策支持系统的理论基础，运用博弈理论分析农村农地流转相关主体的行为选择。一方面，从理论与实证方面分别展开研究，就农地流转相关参与主体的行为博弈、农地流转绩效评价指标体系的设计以及评价方法的选取等进行研究。另一方面，在对农地流转绩效评价实证分析基础上，进行用户需求分析，设计决策支持系统的功能与结构。利用 ArcGIS 提供的 Python 语言开发 Arcpy 模块以及其他 Python 模块，使用 Python 编程语言开发了农地流转绩效评价决策支持系统，并以河南省荥阳市高村乡为例，实证了系统的可靠性与实用性。

本研究的基本架构见图 1-2 所示。

1.4.3 研究方法

本书运用多种研究方法，如文献分析法、实地调研法、规范分析法、实证分析法等，同时运用博弈理论、制度经济学理论、地租理论、软件工程理

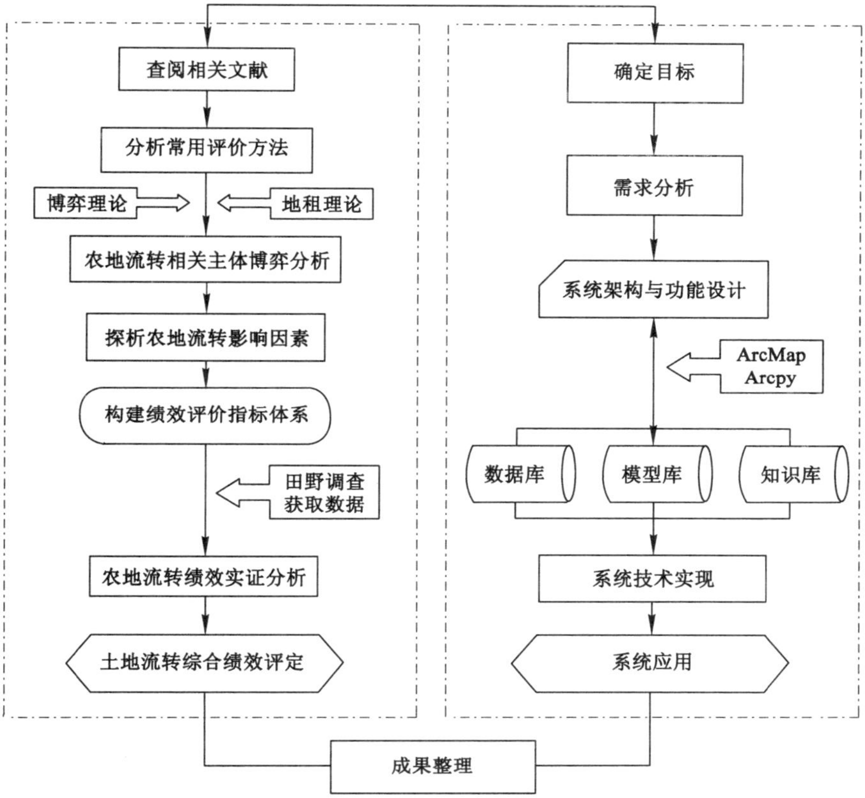

图 1-2　技术路线图

论等相关理论研究农地流转绩效的内涵、评价与应用。

文献分析与实地调研法：文献分析法指通过对与本研究相关的现有文献进行系统性的收集、整理、分析，形成新的知识探索点，为进一步研究工作提供基础资料与信息，它是一项既经济又有效的信息收集方法。实地调研指采用客观的态度和科学的方法，针对本研究所涉及的社会现象，在确定的范围内进行实地考察，即首先将调查经过系统设计和理论探讨，形成假设，然后采用观察法和询问法就某一问题进行深入了解，再用科学的数据处理方法进行分析，从而深入探讨社会现象。两种方法相辅相成，既为本研究的论证提供了理论支撑，也为本研究提供了第一手实证资料。

规范分析与实证分析法：规范分析是指以主观判断方式，依据公认和传统的判断标准，对应该实现的结果进行阐述和说明。实证分析指着眼于当前社会或学科现实，运用一系列分析工具，计量分析研究对象。两种方法结合使用，保证了分析结果的科学性。

1.5 取得的主要进展

本书基于实地调研和资料收集，运用博弈理论、信息经济学理论以及地理信息技术等相关理论开展综合研究，取得如下主要研究进展：

① 建立了基于效益的农地流转相关主体行为选择博弈模型，分析了在不同情境下农地流转相关主体可能的行为选择，为农地流转绩效评价奠定了理论基础。

② 构建了农地流转绩效评价指标体系，并分别运用层次分析法和模糊综合评价法对调研区域进行实证分析，确立了更适合于农地流转绩效评价的模型为模糊综合评价法。

③ 设计并建立基于 GIS 的农地流转绩效评价数据库，并将模糊综合评价模型与 GIS 技术耦合，开发了农地流转绩效评价决策支持系统，实现了抽象数据及绩效评价结果的可视化。

④ 研究成果对及时掌握农地流转后的绩效状况提供了必要的技术支持，对合理调控农地利用、加强农地资源优化配置具有一定的实际指导意义。

1.6 可能的创新之处

本书可能的创新之处表现在：

(1) 由于当前对农地流转综合绩效的研究较少，且已有研究多侧重对农地流转经济绩效的研究，研究方法也多采用层次分析法。而农地流转后产生的影响涉及经济、社会、生态等多个方面，本书运用模糊综合评价法探讨农地流转绩效问题，通过利用精准的数学方法对相对模糊的信息资料进行较为合理的评价，有效降低了层次分析法中个人主观因素对评价结果的影响。

(2) 鉴于空间决策支持技术尚未应用在农地流转绩效研究领域，本书设计并开发了农地流转绩效评价空间决策支持系统，实现空间数据与属性数据的连接，以及对农地流转绩效的智能分析，以期辅助相关决策者进行决策，有利于对农地流转后土地利用状况进行及时监管，实现农地流转的信息化管理，为农地流转工作精细化管理提供科学依据。

第2章 农地流转绩效评价常用模型

目前学术界对农地流转绩效评价方法的研究尚处于探索阶段，常用的方法有主观评价方法、客观评价方法以及主客观相结合的评价方法。主观评价法主要有德尔菲法、综合指数法等，这些方法多通过专家打分或赋值计算出评价结果，评价结果带有一定的主观性。客观评价法主要指以数学、运筹学、统计学理论为基础的评价方法，常用的有主成分分析法、熵值法、数据包络分析法等。而层次分析法（AHP）和模糊综合评价方法则属于主客观相结合的评价方法。

2.1 加权综合指数法

2.1.1 加权综合指数法的基本原理

加权综合指数法首先需要确定一套科学的评价体系，然后对各指标个体进行加权求和，即将一组相同或不相同的指数值通过统计学处理并对其指标值进行标准化，最后转化成一个综合指数。其基本原理是将各项评价指标转化为同度量的个体指数，以综合指数值为依据对各评价对象的综合值进行排序，值越大，其综合效益就越好。各项指标的权重是根据其重要程度决定的，体现指标在综合值中的作用大小。

2.1.2 加权综合指数法的计算步骤

加权综合指数法的计算步骤如下：

（1）确定各指标的评价指数

通常用各项指标实际值分别除以各项指标的评价标准值，得出各项指标的评价指数：

$$y_i = \frac{x_i}{x'_i} \tag{2-1}$$

式中　y_i——第 i 项评价指标的个体指数；

x_i——第 i 项评价指标的实际数值；

x'_i——第 i 项评价指标的标准值。

（2）计算综合评价值

$$y = \sum_{i=1}^{n} y_i w_i = \sum_{i=1}^{n} \frac{x_i}{x'_i} w_i \tag{2-2}$$

式中　y——综合指数；

w_i——第 i 项评价指标在综合评价中的权重，可通过层次分析法获得。

2.2　熵值法

2.2.1　熵值法的基本原理

熵是德国物理学家克劳修斯创造的一个术语，用来表示一种能量在空气中分布的均匀程度，后被引用到信息论中，以度量事件的不确定程度，系统论中熵的意义见表 2-1。熵值法广泛应用于统计学的各个领域，是一种客观赋权方法，即依据指标的相对变化程度确定指标的权重。若指标相对变化程度大，表明该指标对整个系统的影响较大，就赋予较大的权重。

表 2-1　　系统论中熵的意义

熵越大	越无序	信息少	效用值小	权重小
熵越小	越有序	信息多	效用值大	权重大

2.2.2 熵值法的计算步骤

熵值法的计算大致需要以下几个步骤：

（1）收集并整理数据

假设评价某系统 m 个层面的发展状况，评价指标体系包含 n 个指标，形成由 m 个样本、n 个指标组成的初始数据矩阵：

$$\boldsymbol{X}=\begin{bmatrix} x_{11} & x_{12} & \cdots & x_{1n} \\ x_{21} & x_{22} & \cdots & x_{2n} \\ \vdots & \vdots & & \vdots \\ x_{m1} & x_{m2} & \cdots & x_{mn} \end{bmatrix} \tag{2-3}$$

（2）对指标进行标准化处理

为消除因各指标量纲不同而对结果造成的影响，需对各指标进行标准化处理。常用的处理方法有 min-max 方法、z-score 方法。

min-max 方法的基本公式是：

$$\begin{cases} X_{ij}=\dfrac{x_{ij}-x_{\min}}{x_{\max}-x_{\min}}, x_{ij}\ \text{为正向指标} \\ X_{ij}=\dfrac{x_{\max}-x_{ij}}{x_{\max}-x_{\min}}, x_{ij}\ \text{为逆向指标} \end{cases} \tag{2-4}$$

式中 X_{ij} ——经过标准化处理后的标准值；

x_{ij} ——第 i 项指标第 j 个值；

$x_{\min}$ ——第 i 个指标的最小值；

$x_{\max}$ ——第 i 个指标的最大值。

z-score 方法的基本公式是：

$$X_{ij}=\frac{x_{ij}-\overline{x_j}}{s_j} \tag{2-5}$$

式中 $\overline{x_j}$ ——第 j 项指标的平均值；$\overline{x_j}=\dfrac{1}{n}\sum_{i=1}^{n}x_j$ ；

s_j ——第 j 项指标的标准差，$s_j=\dfrac{1}{n-1}(x_{ij}-\overline{x_j})^2$ 。

（3）计算第 j 项指标第 i 层面的指标值的比重 P_{ij}

$$P_{ij} = \frac{x_{ij}}{\sum_{i=1}^{n} X_{ij}} \tag{2-6}$$

建立指标比重矩阵 $\boldsymbol{P} = |P_{ij}|_{m\times n}$。

(4) 计算信息熵值 e 和信息效用值 d

① 指标熵值 e 的计算公式：

$$e_j = -\ln(n)^{-1}\sum_{i=1}^{n} P_{ij}\ln P_{ij} \tag{2-7}$$

② 指标信息效用值 d 的计算公式：

$$d_j = 1 - e_j \tag{2-8}$$

信息效用值越大，权重就越大。

(5) 计算评价指标权重 w_j

第 j 项指标的权重值为：

$$w_j = \frac{d_j}{\sum_{j=1}^{m} d_j} \tag{2-9}$$

(6) 计算样本的评价值

单项指标得分：

$$S_{ij} = w_j \times X_{ij} \tag{2-10}$$

第 i 个样本综合水平得分：

$$S_i = \sum_{j=1}^{n} S_{ij} \tag{2-11}$$

2.3　主成分分析法

2.3.1　主成分分析法的基本原理

主成分分析法是通过正交变换将一组可能存在相关性的变量转换为一组线性不相关的变量，转换后的这组变量称为主成分。它是利用降维思想，将多个变量转化为少数几个综合变量(即主成分)，其中每个综合变量都是原始变量的线性组合，各综合变量之间互不相关，但能反映原始变量的绝大部分信息，且所含的信息互不重叠。其实质就是确定原来变量在各主成分上的载荷。

2.3.2 主成分分析法的计算步骤

（1）对原始数据进行标准化

$$X_{ij} = \frac{x_{ij} - \overline{x_j}}{S_j} \tag{2-12}$$

式中 $\overline{x_j}$ ——第 j 项指标的平均值，$\overline{x_j} = \frac{1}{n}\sum_{i=1}^{n} x_j$；

S_j ——第 j 项指标的标准差，$S_j = \frac{1}{n-1}(x_{ij} - \overline{x_j})^2$。

（2）计算相关系数矩阵

$$\boldsymbol{R} = \begin{vmatrix} r_{11} & r_{12} & \cdots & r_{1p} \\ r_{21} & r_{22} & \cdots & r_{2p} \\ \vdots & \vdots & & \vdots \\ r_{p1} & r_{p2} & \cdots & r_{pp} \end{vmatrix} \tag{2-13}$$

$r_{ij}(i,j = 1,2,\cdots,p)$ 为原变量 x_i 与 x_j 的相关系数，$x_{ij} = x_{ji}$，其计算公式为：

$$r_{ij} = \frac{\sum_{k=1}^{n}(x_{ki} - \overline{x_i})(x_{kj} - \overline{x_j})}{\sqrt{\sum_{k=1}^{n}(x_{ki} - \overline{x_i})^2 (x_{kj} - \overline{x_j})^2}} \tag{2-14}$$

（3）计算特征值与特征向量

解特征方程，常用雅克比法（Jacobi）求出特征值，并使其按大小数序排列：$\lambda_1 \geqslant \lambda_2 \geqslant \cdots \geqslant \lambda_p \geqslant 0$。

求特征值 λ_p 对应的特征向量 $e_i(i = 1,2,\cdots,p)$。

（4）计算主成分贡献率

贡献率为：

$$\frac{\lambda_i}{\sum_{k=1}^{p}\lambda_k} \quad (i = 1,2,\cdots,p) \tag{2-15}$$

（5）计算主成分累计贡献率

累计贡献率为：

$$\frac{\sum_{k=1}^{i}\lambda_k}{\sum_{k=1}^{p}\lambda_k} \quad (i = 1,2,\cdots,p) \tag{2-16}$$

（6）计算主成分载荷

$$l_{ij} = p(z_i, x_j) = \sqrt{\lambda} e_{ij} (i, j = 1,2,\cdots,p) \tag{2-17}$$

（7）各主成分的得分

$$\boldsymbol{Z} = \begin{bmatrix} z_{11} & z_{12} & \cdots & z_{1m} \\ z_{21} & z_{22} & \cdots & z_{2m} \\ \vdots & \vdots & & \vdots \\ z_{n1} & r_{n2} & \cdots & z_{nm} \end{bmatrix} \tag{2-18}$$

2.4　数据包络分析法

2.4.1　数据包络分析法的基本原理

数据包络分析法常用于综合评价多输出—多输入的有效性问题，它是一种基于线性规划的一种特殊工具手段。

2.4.2　数据包络分析法的计算步骤

（1）选择决策单元

决策单元又称 DMU(Decision Making Units)，确定可行的决策单元的途径有以下几个：一是具有相同的物理背景或者活动空间；二是利用时间间隔构造；三是利用个体差异进行构造。

（2）建立输入/输出指标体系

数据包络分析的评价指标需要考虑两个方面：一是输入变量；二是输出变量。同时需注意输入与输出向量间的联系。假设有 n 个决策单元，每个决策单元有 m 种类型的“输入”（表示该决策单元对“资源”的耗费）以及 s 种类型的“输出”（表示决策单元在消耗了“资源”之后，表明“成效”的一些指标）。对输入和输出的理解是输入越小越好，而输出越大越好。

假设 n 个决策单元对应的输入数据 x_{ij} 和输出数据 y_{ij} 分别为：

$$\boldsymbol{x}_j = [x_{1j} \quad x_{2j} \quad \cdots \quad x_{mj}]^{\mathrm{T}} \quad (j = 1,2,\cdots,n) \tag{2-19}$$

$$\boldsymbol{y}_j = [y_{1j} \quad y_{2j} \quad \cdots \quad y_{sj}]^{\mathrm{T}} \quad (j = 1,2,\cdots,n) \tag{2-20}$$

其中，$x_{ij} > 0(i = 1,2,\cdots,m)$；$y_{ij} > 0(i = 1,2,\cdots,s)$；$x_j > 0, y_j > 0$。

（3）选择 DEA 模型

数据包络分析模型（DEA 模型）有输入导向模型和输出导向模型两个方面，具体的还有规模报酬不变模型和规模报酬可变模型。具体评价时要对不同模型加以区分并作出适当选择。

2.5 层次分析法

2.5.1 层次分析法的基本原理

该方法基于多层次进行权重分析，在评价中得到了广泛应用。它把综合评价指标体系分解成层次结构，然后两两比较因素的相对重要性，进而确定指标权重。

2.5.2 层次分析法的计算步骤

（1）构建指标层次结构分析图

把问题分解为不同的指标，并对指标进行分类，构建指标层次结构分析图。

（2）构造判断矩阵

对指标逐对比较，比较结果写成矩阵形式。

u_i：评价指标，$u_i \in U(i = 1,2,\cdots,n)$。$u_{ij}$：$u_i$ 对 u_j 的相对重要性数值（$j = 1,2\cdots n$），其取值依据 T. L. Saaty 的 1～9 标度法表示。

$$\boldsymbol{U} = \begin{bmatrix} U_1 \\ U_2 \\ \vdots \\ U_N \end{bmatrix} = \begin{bmatrix} u_{11} & u_{12} & \cdots & u_{1n} \\ u_{21} & u_{22} & \cdots & {}_{2n} \\ \vdots & \vdots & & \vdots \\ u_{n1} & u_{n2} & \cdots & u_{nn} \end{bmatrix} \tag{2-21}$$

（3）层次单排序及一致性检验

层次单排序即权重大小的排序，其数学问题是求特征值和特征向量。

计算权重步骤如下：

将 $\boldsymbol{U}$ 矩阵的每一列正规化，令：

$$u'_{ij} = \frac{u_{ij}}{\sum_{i=1}^{n} u_{ij}} \quad (i = 1,2,\cdots,n) \tag{2-22}$$

按行加总，即令：

$$u'_i = \sum_{j=1}^{n} u'_i \quad (i = 1,2,\cdots,n) \tag{2-23}$$

加总后再正规化，得特征向量，即：

$$w_i = \frac{w'_i}{\sum_{i=1}^{n} w'_i} \quad (i = 1,2,\cdots,n) \tag{2-24}$$

计算最大特征根：

$$\lambda_{\max} = \frac{1}{n} \sum_{i=1}^{n} \frac{\sum_{j=1}^{n} u_{ij} w_i}{w_i} \quad (i = 1,2,\cdots,n) \tag{2-25}$$

一致性指标为：

$$CI = \frac{\lambda_{\max} - 1}{n - 1} \tag{2-26}$$

一致性比例为：

$$CR = CI/RI \tag{2-27}$$

若 $CR \leqslant 0.10$，即表示具有满意的一致性，否则需重新判断。

(4) 层次总排序

依据层次单排序结果计算各层次的组合权值。

总排序的计算公式为：

$$\sum u_j b_{ij} \quad (i = 1,2,\cdots,m; j = 1,2,\cdots,n) \tag{2-28}$$

注：总排序值之和等于1。

(5) 一致性检验

检验的公式为 $CR = CI/RI$。当 $CR \leqslant 0.10$ 时，可以认为层次总排序的计算结果具有满意的一致性。

2.6 模糊综合评价法

2.6.1 模糊综合评价法的基本原理

模糊综合评价是依托模糊数学的隶属度最大原则和模糊变换理论，总体评价受到多因素影响的事物。由于影响事情发展和结果的因素是多种多样的，在对事件进行评价中，对单因素的评价常常是模糊的，不宜绝对使用一个数值来表示，而应当用一个模糊的集合来表示，其基本思路是用属于程度代替属于或不属于，以着重刻画事物的中间状态。计算的基本思路是确定被评价对象的指标集合；确定各个因素的权重；确定各个因素的隶属度矢量；构造模糊综合评判矩阵；模糊综合评判矩阵与因素权矢量进行模糊运算获得模糊综合评价结果。

2.6.2 模糊综合评价法的计算步骤

(1) 确定评价因素集合

$$\boldsymbol{U} = [u_1 \quad u_2 \quad \cdots \quad u_n] \tag{2-29}$$

其中，$u_i(i = 1,2,\cdots,n)$ 为同一层次上单个因素的个数。

(2) 确定评价等级标准集合

$$\boldsymbol{V} = [v_1 \quad v_2 \quad \cdots \quad v_m] \tag{2-30}$$

(3) 确定权重集合 $\boldsymbol{A}$

$$\boldsymbol{A} = [a_1 \quad a_2 \quad \cdots \quad a_n] \tag{2-31}$$

主要反映各指标的重要程度。

(4) 建立隶属度矩阵

$$\boldsymbol{R} = \begin{bmatrix} R_1 \\ R_2 \\ \vdots \\ R_n \end{bmatrix} = \begin{bmatrix} r_{11} & r_{12} & \cdots & r_{1n} \\ r_{21} & r_{22} & \cdots & r_{2n} \\ \vdots & \vdots & & \vdots \\ r_{n1} & r_{n2} & \cdots & r_{nn} \end{bmatrix} \tag{2-32}$$

(5) 确定模糊算子

即确定各评价向量的计算方法。

(6) 计算模糊综合评价结果

基本公式为：

$$\boldsymbol{B} = \boldsymbol{A} \times \boldsymbol{R} \tag{2-33}$$

式中，$\boldsymbol{B}$ 为评判结果向量；$\boldsymbol{A}$ 为评判因素权重向量，$\boldsymbol{R}$ 为隶属度矩阵。

2.7　以上评价模型述评

以上对加权综合指数法、熵值法、主成分分析法、数据包络分析法、层次分析法和模糊综合评价法做了简单介绍，每种方法都有其适用范围及优缺点。

加权综合指数法的计算方法相对较简单，经济含义清晰，容易理解，但计算时应注意使用同向指标，如不同向，必须做好同向处理。熵值法是一种客观赋权法，体现指标信息熵值的效用价值，具有较高的可信度和精确度，其缺点是各指标的权重随样本的变化而变化，即权重值依赖于样本。主成分分析法减少了选择指标的工作量，消除了指标之间的相互影响，该方法确定的权重相对客观、合理，但变量降维后主成分的含义不像原始变量的含义清楚、确切，其含义多少带点儿模糊性。数据包络分析法适用于多输出—多输入的有效性综合评价问题，该方法具有很强的客观性，其缺点是无法表达评价单元的实际发展水平，只能表达它的相对发展水平。层次分析法是目前确定权重时使用频率最多的评价方法，其原理明了，计算简便，容易被决策者了解和掌握。其缺陷是构造比较矩阵时人为因素较大，定性色彩较浓。模糊综合评价法是用精确的数学方法处理无法用数学描述的模糊事物，但其计算过程相对要复杂得多。

综上所述，本研究采用层次分析法与模糊综合评价法相结合的方法评价农地流转绩效。

第 3 章　农地流转绩效评价指标体系设计及实证检验

3.1　农地流转相关主体行为选择博弈分析

3.1.1　农地流转相关主体角色定位

具有物权属性的土地承包经营权是农地流转的主要载体，主要参与者有农地流出方、农地流入方与基层组织。流出方指将农地流转出去，保留土地承包权的农户。农户流出土地后可以获得直接的转让成本，同时释放剩余劳动力。流入方指农地流转后获得土地经营权的一方，即种粮大户、农业企业或农业合作社等。在农地流转过程中，流入方期望通过较低的土地投入成本，获得较高的经济利润和社会信誉。基层组织作为农地流转的监督者和引导者，其主要作用是在法律法规的约束管制下对农地流转进行合理调控，促进农地流转良性发展。

3.1.2　农地流转相关主体博弈分析

3.1.2.1　流入方与流出方的博弈分析

（1）基本假设

假设 1：流入方和流出方都是理性经济人，在流转过程中都寻求自身利益最大化。

假设 2：在农地流转过程中，流入方期望以最低的租金获得土地经营权，而流出方期望获得更高的土地租金，双方就土地租金问题进行博弈。

假设 3：在农地流转过程中，双方为达成流转的共识都需要支付一定的商议成本，若双方没有达成共识，这个商议成本依然存在。

假设 4：在双方商议过程中，双方都不知道对方的最终决策，流出方在这个阶段还保持原来的收益模式，而流入方则为了保证足够的资金会撤销对其他项目的投资。

（2）构建博弈模型

在博弈模型中，流出方和流入方都有两种选择，流出方的策略选择为转出和不转出，流入方的策略选择为转入和不转入。

首先，对于流出方来说，总收益包括转让收益和兼业工资收益，转让收益为 A_1，工资收益为 A_2，农地流转后的总收益为 $A=A_1+A_2$。流出方进行农地流转的概率为 P，$0\leqslant P\leqslant 1$，P 在一定程度反映了非农收益占家庭总收入的比重。为达成流转共识，流出方需要支付一定的商议成本 B_1，农地流转后农户就失去了农作物收益 B_2，农民转出土地的总成本为 $B=B_1+B_2*P$，纯收益为 $C_1=A-B=A_1+A_2-B_1-B_2*P$。

再者，对于流入方来说，总收益包括经营利润和社会信誉，流入方的经营利润为 D_1，赢得的社会信誉为 D_2，农地流转后获得的总收益为 $D=D_1+D_2$。为与流出方达成农地流转共识，流入方需要支付一定的商议成本 E_1 以及土地租金 E_2。如果流转成功，流入方失去了从事其他投资的机会，这个投资机会会使流入方得到收益 E_3，它对流入方的重要性为 Q，$0\leqslant Q\leqslant 1$。流入方的总成本为 $E=E_1+E_2+QE_3$，纯收益为 $C_2=D-E=D_1+D_2-E_1-E_2-QE_3$。

根据上述分析，可构建博弈矩阵，如表 3-1 所示。

表 3-1　　流出方和流入方博弈矩阵

流出方		流出	不流出
流入方	流入	$D_1+D_2-E_1-E_2-QE_3, A_1+A_2-B_1-B_2*P$	$-E_1-QE_3, -B_1$
	不流入	$-E_1, -B_1$	$-E_1, -B_1$

注：矩阵中每个单元格的前部分为流入方的收益，后部分为流出方的收益。

（3）博弈均衡分析

从博弈矩阵可以看出，只有双方对农地流转问题达成一致才有利可图。对流出方而言，土地流出后的收益只有不低于农作物收益才可能进行农地流转，即 $A_1+A_2-B_1-B_2*P\geqslant B_2$，得出流出方对租金的要求为$A_1\geqslant(1+P)B_2+B_1-A_2$。对流入方而言，土地转入后的收益要不低于投资其他项目的收益才可以进行农地流转，即 $D_1+D_2-E_1-E_2-QE_3\geqslant E_3$，得出流入方对租金的要求为 $E_2\leqslant D_1+D_2-E_1-(1+Q)E_3$。只有双方的租金达到一致时，才能够完成流转，所以要求 $A_1=E_2$，因此满足 $(1+P)B_2+B_1-A_2=D_1+D_2-E_1-(1+Q)E_3$ 时，才能达到纳什均衡。

从上面分析可以看出，流出方要求租金的高低与其自身的生活水平有很大关系，当农作物收益是农户家庭的主要收入时，农户流转的欲望就不强烈，要求的转让金也会比较高。当农户家庭收入不依赖农作物收入时，农户就更愿意转出土地，要求的租金也相对不高。而流入者对租金的期望是越低越好，如果流入者有更多途径获取其他投资收益时，愿意支付的租金就会相对较低，一定程度阻碍流转的顺利进行。对于双方来说，无论流转成功与否都需要支付一定的商议成本，这个成本的高低也影响着农地流转发生的概率。

3.1.2.2　基层组织与流转双方之间的博弈关系

（1）基本假设

假设 5：基层组织和流转双方都是理性经济人，基层组织追求良好的社会评价，流转双方对农地流转怀有侥幸投机心理，会尽可能选择有利于自己的策略，无论策略是否合法。

假设 6：基层组织只有接到群众举报才能获得流转双方的信息情况，基层组织处于弱势地位。基层组织对举报情况可以采取查处和不查处两种策略。

（2）构建博弈模型

在博弈模型中，基层组织和流转双方都有两种选择，流转双方的选择策略是合法操作和违法操作，基层组织接到举报后的选择策略是查处和不查处。

流转双方合法操作会赢得社会的认可，带来的社会效益为 Y_1，正规操作会有手续上的成本 R，为了逃避手续上的成本，流转双方选择违规操作，但如果被基层部门查处会有处罚，处罚成本为 M_1 时，同时这会带来一定的社会负面影响，社会影响成本为 M_2。由于流转双方对法律的认知水平和守法意识有限，选择合法流转的概率为 W，$0 \leqslant W \leqslant 1$。基层组织接到群众举报后进行查处的平均成本为 M_3，查处成功后会获得奖励 Y_2，没有进行查处会使基层组织的名誉受损，损失为 M_4。基层组织的查处的总收益为 U_1，不查处的总收益为 U_2，根据上述分析可构建博弈矩阵，如表 3-2 所示。

表 3-2　　基层组织和流转双方的博弈矩阵

基层组织		查处	不查处
流转双方	合法	$Y_1-R,-M_3$	$Y_1-R,0$
	违法	$-M_1-M_2,Y_2-M_3$	$-M_1-M_2,-M_4$

注：矩阵中每个单元格的前部分为流转双方的收益，后部分为基层组织的收益。

(3) 博弈均衡分析

当 $Y_1-R>0$ 时，合法操作给双方带来了利润，无论法律强还是弱，他们都愿意遵守法律，选择合法农地流转。由于流转双方主动选择遵纪守法，基层组织的监督达到均衡。

当 $Y_1-R<0$，$U_1<U_2$ 时，合法操作不能够给流转双方带来利润，流转双方就可能选择违法操作，当 $R-Y_1<M_1+M_2$ 时，即违法操作的损失大于合法操作的损失时，流转双方还是有可能选择合法操作的，当 $R-Y_1>M_1+M_2$ 时，流转双方有很大的可能选择违法操作，这种情况主要依赖流转双方的法律意识。对于基层组织来说 $U_1<U_2$ 查处的收益不如不查处，基层组织就倾向于不查处，由于基层组织的不作为，流转市场会趋于混乱。

当 $Y_1-R<0$，$U_1>U_2$ 时，流转双方的收益小于零，基层组织查处的收益大于不查处的收益，流转双方由于抱有侥幸心理，更倾向违法操作，而基层组织在利益的驱动下，会选择对违法操作进行查处。

从上面的分析可以看出，影响流转双方策略选择的因素主要有社会效益（Y_1）、手续成本（R）、违法成本（M_1）、违法的社会损失（M_2）以及流转双方的法律意识（W）。影响基层组织的主要因素是查处成本（M_3）、查处奖励（Y_2）以及不作为处罚（M_4）。基层组织为了更好地降低违法操作概率，可以通过增强流转双方法律意识、加大对违法操作处置力度等措施规范流转双方行为。

3.1.3　农地流转相关主体博弈结论

通过分析农地流出方与流入方就流转租金的博弈、基层组织与流转双方就流转行为合法性的博弈可以得出以下结论：

第一，流出方的经济收入构成会对他的流转意愿产生影响，当非农收入占经济总收入的比重大时，流出方流转意愿强烈，追求的流转租金相对会偏低。

第二，流入方对流转收益的预期直接影响其流转意愿，可以通过土地整治项目优化农地资源配置，降低转入后的经营成本。

第三，基层组织行为会很大程度地影响农地流转秩序。

第四，农地流转商议成本的降低有利于农地流转发生率的提高。

3.1.4　农地流转相关主体博弈启示

（1）建立信息服务机构，规范流转流程

博弈分析表明，流转租金是影响土地流转的主要因素。当前农地经营模式决定若要大规模流入农地，需同大量农户谈判，工作量较大。建议在符合条件的乡镇建立土地流转中介服务机构，建立土地流转信息库，即包括农地的地理位置、耕作环境、土地质量、目前承包人等详细信息。愿意流出农地的农户可将土地承包经营权流转到中介服务机构，由中介服务机构与土地需求方谈判接洽，既畅通农地流转渠道，又可降低农地流转双方的谈判成本。

（2）融合土地整治项目，降低农业经营主体成本

土地整治项目通过对田、水、路、林、村的统筹安排，对改善农业生产条件、维护区域生态平衡有重要作用。而流转后的土地也需要对区域土地进行田块归并，并配套相应灌排设施。鼓励并支持现代农业企业、家庭农场主等多元农业经营主体参与土地整治项目，即在满足一定条件情况下农业经营主体或村集体应积极争取在农地流转区域安排国土部门的土地整治项目，给予适当的资金和技术支持，实现农地流转与土地整治项目的有效对接，降低农地流入方的经营成本，有助于促进农业产业发展。

（3）加强基层监督检查，确保农地农用

首先针对农地流转后的“非农化”问题，基层组织应做好监督核查工作，严格监控土地流向，及时查处纠正浪费农地资源、随意改变农地用途等违法违规行为，以保证农地流转后用于农业生产，切实确保农地农用。其次，建议建立逐级控制的农业产业规划，将规划法制化，有效防止耕地流转后大规模的“非农化”、“非粮化”，以切实保障国家粮食安全。同时应当建立粮食生产经济激励机制，形成农业补贴同粮食生产挂钩机制，调动和保护好粮食生产的积极性。

（4）发展区域农业产业，促进农村经济发展

现阶段阻碍农户流出土地的一个主要因素是经济收入水平相对较低、社会保障不完善。因而建议在有针对性地开展农民职业培训，推动农村剩余劳动力向城镇转移，同时积极发展农产品深加工业，实现农产品和食品消费的产业化，提升农产品附加值，进而实现农业产业化和农业现代化发展。此外，还应进一步健全农村社会养老医疗保险体制，提高农民的社会保障水准，以减少农民的后顾之忧。

3.2　农地流转影响因素探析

3.2.1　农地流转市场问题剖析

农地流转在国内实践探索中积累了不少经验，也暴露出许多问题，亟待进一步完善。具体表现在以下几个方面：

(1) 农地流转的法律法规支撑不够

承包法虽然对承包的原则和程序、承包经营权的保护、承包经营权流转进行了界定，但过于笼统，对农地流转主体界定、流转价格、合同管理、纠纷处理等方面还没有具体操作性的规定，很难正确引导农村承包地流转。从农地流转的实际情况看，从兴起到现在发展了 20 多年，虽然农地流转的面积和比重在增加，但与农村劳动力转移的规模和速度相比，农地流转的进展仍然是缓慢的。

(2) 农地流转缺乏严格的规章制度作保障

农村承包地流转是农村土地制度改革的重要内容，健全农村承包地流转制度离不开配套制度的支撑。在农地流转过程中农户话语权不足。农地流转虽遵循“自愿、有偿”原则，但农地流转价格大多由基层(乡、村)干部决定，农户在农地流转中的信息获取权、知情权、参与权等权利缺失，使得农户在农地流转中处于非对称地位。此外，农村社会保障功能不健全也在一定程度上阻碍农地流转进程，尤其是在经济欠发达地区，农地在很大程度上承担着社会保障功能，使得进城务工农民不愿也不敢放弃耕种土地，阻碍农地流转的进程。

(3) 农地流转中介信息服务质量和层次不高

土地是一种重要的生产要素，只有实现市场化才能真正发挥市场经济配置资源的基础作用。建立完善的农地流转中介服务机构就是要土地流转与市场经济相配套，促进农业规模化、机械化和现代化。当前农村承包地流转的中介组织还十分滞后，一是供求双方得不到有效沟通，大多数行政村尚未建立流转服务组织,造成农地供求双方对接难,影响了农村土地在更大、更高层次上进行流转。此外,已建立的中介服务组织大多是形式多于实质,对农地流转发挥的作用十分有限;二是农地流转管理缺位,农户间的农村承包地流转多为口头协议或草签协议,而且部分草签了的书面合同没有报告给村集体经济组织,更没有到主管部门备案,合同监督执行不力,易产生纠纷,使农地流转处于低水平状态。

(4) 农地流转管理手段与方法相对滞后。目前实际操作中

农地产权产籍管理相对滞后,主要表现在:一是大多数地区缺少地籍图等作为土地持有人的凭证,村民凭着对土地现状的了解,仅在农地边界上做标记以分辨地界;二是农地流转合同为纸质合同,由于纸质合同不易保留,而且容易被涂改,易引起纠纷。农地地籍管理手段落后,不适宜农地流转市场对地籍管理的要求。目前对农地流转的监管也相对滞后,主要表现在:农地流转后,土地受让方为追求更高的经济效益,农地集中流向效益高的特色产业。据农业部调查,目前农户之间流转土地中用于种粮比重占72%,而流转入企业等规模经营主体的土地中,用于种粮的比重只有6.00%,农地流转若仅限于农户之间(小范围),不利于形成规模经营,发展现代农业;而流入农业龙头企业,在企业效益驱使下,容易转向高效特色农业,造成粮食产量的隐形流失。而相对落后的农地流转管理手段,使得农地流转后的用途、效益等不能及时进行统计分析。

3.2.2 影响农地流转发生率的因素

农地流转可以突破传统农业的局限,推动传统农业向新型现代农业过渡。它是城镇化、工业化及农村经济发展到一定阶段的必然要求,对适度发展规模经营、优化农地资源配置、提高农地利用效率有重要的现实意义。

影响农地流转的因素是多方面的,如自然因素(土壤、气候、地形等)、经济因素(流转价格、农户收入等)、社会因素(政策因素、传统思想观念等)等。调研显示,目前影响农地流转的障碍因素可以分为外部障碍因素和内部障碍因素。其中外部障碍因素有农村土地产权模糊、农村土地市场

中介服务不到位、农村社会保障体系滞后以及农业比较利益相对较低、乡镇企业发展迟缓、农村金融不够繁荣等客观外部瓶颈问题。而影响农地流转的内部障碍因素则主要来自农民自身，比如农民的乡土情结深厚，中年以上农民大多不愿离开家乡，愿意守着自己的土地过小农生活，此外由于农民缺乏专业技能，他们的再就业状况也不太乐观，没有合适的就业渠道及单位接纳他们等诸多现实问题。

农地流转率主要取决于有效的农地供给和农地需求，而农地供给与农地需求受区域经济发展水平、农地质量状况、人均土地面积、农村非农就业水平、以农为主劳动力人数、农业政策等多种因素的影响。已有研究文献侧重于对农地流转主体、农业生产环境、社会经济方面的研究。

(1) 农地流转主体影响

农户是农地流转的重要参与主体，其特征对农地流转有重要作用。农户家庭中若农业劳动力人数较多，流入土地的意愿相对就会强烈。如果农户有专业特长，农地流转的意愿也会强烈，比如有农业种植特长的，则愿意流入更多土地；有非农专业特长的，外出务工或自主经营的机会就会增多。随着城镇化工业化的推进，留守农村的青壮年劳动力不多，若留守农村的劳动力年龄偏大，欠缺种地能力，则流出土地的意愿也会强烈。当然，有部分农民过分依恋土地，宁愿粗放经营，也不愿流转。

(2) 农业生产条件影响

农业生产主要依赖土地，受自然因素影响较大，随着人类改造自然能力的增强，农业生产条件得到极大改善。比如灌溉条件、田间道路状况、土地平整度等都随着土地整理项目的推进得到一定的改善。此外，田块细碎化程度、农业机械化水平、农业技术状况等也会对农业生产、农地流转产生影响。已有调研表明，田块越集中，农业机械化程度越高，越有利于农地流转。

(3) 社会经济状况影响

农地流转发生率与区域社会经济发展水平关系密切。叶剑平等(2006)对中国 17 个省份农村农地流转状况的调研表明，中国东北地区和东部沿海地区的农村农地流转市场发育相对较中西部地区更成熟一些。东部地区二、三产业发展较快，为社会提供了较多的就业岗位，农村剩余劳动力能够得到有效转移，推动了农村农地流转有序开展。由于农村农地流转是土地向经营效益较高的农户集中的过程，而土地的经营效益与种植品种、种植规模、销售状况、政府政策等因素有密切关系。

（4）农地产权状况影响

产权明晰是农地发生流转的基本前提。土地确权发证更加明确了农地使用权，使土地预期收益更加稳定，进而提高农地流转发生率。已有研究结果表明，土地产权越清晰和安全，越有利于农地流转发生率的提高及农地流转市场的完善。

（5）其他因素影响

农地流转市场受诸多因素影响，如政府出台的良种补贴、粮食直补、农资综合补贴等农业政策都可能会对农地流转市场产生影响。国家陆续出台的鼓励农地流转的政策法规为农地流转市场建设提供了良好的制度保障。本书针对河南省粮食生产核心区、快速城镇化地区以及采矿塌陷区选取 6 个乡镇进行调研，结果显示当地政府的支持对农户参与农地流转有显著促进作用。

3.2.3 农地流转信息获取渠道

目前我国农地流转过程中参与主体较多，不同的参与主体的行为方式对农地流转的信息传递有直接影响。农地流转常发生在农户与农户之间，农户与种植大户或涉农企业之间。根据农地流转传递对象可将农地流转分为直接流转和间接流转，农地直接流转指拥有农地使用权的一方直接将农地流转给受让者，农地间接流转指拥有农地使用权的一方通过中间方流转给受让者。

农地直接流转实现了信息直接传递，目前我国农村农地存在一定程度的细碎化，丘陵地区尤为突出。参与农村农地直接流转的农地规模一般较小，且流转主体多为亲戚、朋友。如果流入农地较多就需要与大量农户协商，这时可能会出现信息传递不到位等实际问题而影响农地健康顺利流转。农地间接流转指农地流入方和农地流出方都需要将农地流转信息传递给第三方才能进行农地流转，第三方尽量减少因农地流转双方信息沟通不到位而影响农地顺利流转，在一定程度上可以降低农地流转后的违法行为。由于当前农村土地流转市场不健全，农地流转信息多由村集体传达给农户，农地流出方与流入方在信息沟通上不够畅通，可能存在农户不能及时流出农地，流入方不能及时获取农地的情况，存在农地流转信息不对称的情况。农地流转市场信息的真实程度直接影响农地流转发生率。在对 2014 年河南省产粮大县的农地流转状况调研中发现，有 30%～40%的农户获得农地流入或流出信息是通过亲戚朋友介绍获得的，50%左右的农户选择由村集体统一组织，农户对农地流转市场状况及中介机构等了解甚少。实践层面上，农地流转市场中参与农地流转的过程更多地表现为信息竞争。

3.2.4　农地流转信息损失途径

农地流转过程中农地流入方与流出方关注点不同，流出方更多地关注农地流转价格，流入方除关注农地流转价格外，还关注农地利用条件，比如地理位置、耕作条件、灌排条件、坡度等方面信息。由于农地流转信息的不对称，在一定程度上可能会降低农地流转的发生率或是引发流转后的违约行为等。农地流转信息损失表现在三个方面：一是农地流出方隐藏农地质量信息，二是农地流入方隐藏农地流转后的用途等信息，三是中介组织或集体经济组织可能会根据自身利益情况隐藏部分信息。

农地流出方流出农地时会对农地的流转价格抱有一定的期望，但由于农地的自然质量及地理位置的差异以及农户对农地的投入差异都会造成农地产出效益的不同。在同一区域内，如果农户农地条件较好，可能会对农地的流转价格期望较高，反而不利于农地流转成功交易，而相对劣质的农地却相对容易成交。农地流入方隐藏信息行为主要发生在农地流转后的用途方面。在经济利益驱动下，农地流转后，大多农地流入方可能会隐藏农地流转后的真实用途，在一定程度上损害流出方的利益。

集体经济组织或中介组织在农地流转过程中起信息传递和服务的作用。由于当前农地流转市场发育不成熟，大部分农地流转需要村集体参与，同时农地的细碎化以及土地自然质量差异增加了农地流转的难度。集体经济组织理当维护农户利益，但在实际操作中，由于地方经济发展需要或是利益驱动可能会出现要求农户流转优质农田用于非粮化或非农化。集体经济组织可能会出现因占有信息资源而寻租的情况。

基于上述分析，建立综合信息数据库是农地流转信息传递的重要支撑。同时将不同属性数据整合为一个综合信息库，方便农地流转双方及集体经济组织等对农地流转信息的查询，在一定程度上可以畅通农地流转渠道，降低农地流转过程中的信息损失，提高农地流转效率。

3.3 农地流转绩效影响因素探究

绩效是一个反映动态变化的过程变量，体现了某种行为产生的影响，它的内涵比效率和效益更宽泛。效益反映了成本与收益的关系，一般用绝对值表示。而农地利用绩效是指在一定的制度环境下，农地利用给经济、社会、生态等所带来的影响的综合效果，它受多种因素影响。

农地流转有多种模式，不同的模式其隐含的激励与约束机制不同，最终会导致农地流转的绩效不同。影响农地流转绩效的因素有内部因素和外部因素，其中内部因素包括土地自然禀赋、耕作环境、田块规模、农业技术水平等，而土地制度、农业政策、社会经济条件等则构成了影响农地流转绩效的外部因素。农地流转绩效影响因素分析模型见图 3-1 所示。

农地流转综合绩效是农村农地流转运行效率及流转功能效果的综合表征，主要体现在它对土地资源配置、土地经济产出、农村社会发展等方面的影响。农地流转综合绩效随时间及空间的变化而变化，同一时间不同地点的农地流转绩效不同，同一地点不同时间的农地流转绩效也可能会不同。农地流转综合绩效主要包括以下几方面内容：

图3-1　农地流转绩效影响因素分析模型

（1）经济绩效

农地利用的经济绩效主要指人们根据农地的自然属性，对农地进行利用、改造的行为及结果在经济方面的影响。主要体现在农地的生产能力、利用效率及利用效益等方面。表征农地流转经济绩效的指标通常有单位土地劳动力投入率变化指数，农民人均纯收入变化指数，农民农业收入占总收入之比变化指数，单位土地产出变化指数，单位土地科技投入变化指数等。

（2）生态绩效

不当的农地利用可能会造成土地板结、土地退化以及土壤污染等状况，保护良好的土地生态环境是土地利用的首要目标。土地生态绩效主要表征土地利用后对生态环境的影响，主要表现在农地流转后对农地的利用程度以及农地流转后对自然生态环境的影响。如复种指数变化指数、农地环境质量变化指数、有效灌溉面积变化指数、森林覆盖率变化指数等指标可以表征农地流转后的生态绩效。

（3）社会绩效

农地利用的社会目标是满足社会稳定及社会可持续发展的需要，人类社会发展的目标是实现社会全面稳定、可持续发展。我国是农业大国，河南省是农业大省，农业对农村经济社会稳定起着重要作用。农地利用社会绩效主要体现在农民生活水平的改善和提高程度以及农村社会的稳定度。农地流转社会绩效则表现为农地流转后对农民生活水平的改善程度以及社会对农地流转的认可度，如农户对农地流转的满意度、农户有效就业时间指数等表征农地流转后对农业农村社会的影响。

3.4 农地流转绩效评价指标体系设计依据

农地流转绩效评价可以及时掌握农地流转后农地利用状况以及对农村经济社会的影响，通过绩效评价可以及时发现问题，起到进一步规范农地流转的作用。构建评价指标体系是农地流转绩效评价的关键，为保证指标体系设计科学合理，指标的选取应遵循以下原则：

（1）全面性原则

农地流转对农村经济社会发展的影响是多方面的，农地流转绩效评价指标应尽可能全面，既要考虑农地流转后对农村经济社会发展的直接影响，也要考虑农地流转后对社会产生的间接影响以及对自然生态环境的影响。农地流转综合绩效评价指标体系应该能够综合反映农地流转绩效的内涵和基本特征，能够全面反映农地流转后对社会的影响。

（2）代表性原则

农地流转绩效评价选取的指标首先要能真实反映评价内容，同时还要考虑数据的可获取性。指标的选取要能体现评价内涵，同时指标数量尽可能少，即指标的选取体现少而精的特点。

（3）可比性原则

农地流转综合绩效评价所选取的指标要具有一定的普遍性，尽可能提高指标的使用范围。同时选取的指标要能够进行横向和纵向的对比分析，以便于农地流转绩效评价结果能够在区域之间进行比较，以利于对农地流转进行研究。

（4）可操作性原则

农地流转综合绩效评价所选取的指标在科学客观的基础上，还应具有简便实用和可操作特点，同时还要充分考虑数据的获取情况，尽量能用指标的相对量来衡量，以保持数据的可比性和连续性。

3.5 农地流转绩效评价指标体系设计

3.5.1 农地流转经济绩效评价指标体系

农地流转经济绩效体现了农地流转后对农村经济及社会经济的影响状况。劳动力、资本、技术及农业制度是推动农村经济发展的主要因素。其中，劳动力、资本和土地也是构成农业生产的基本要素。从经济增长角度考虑，技术和制度同劳动力、资本和土地一样，对经济增长有着重要影响。农地流转对农业经济发展、农民生活改善以及农业产业发展的影响主要体现在以下几个方面：

（1）单位面积土地产出变化指数

它是反映农地流转后土地产出变化情况的一项指标。由于单位面积土地产量在一定程度上反映了人们对土地的利用能力，体现了土地的产出情况。单位面积土地产量与当时市场价格的乘积就是单位面积土地产出。单位面积土地产出变化指数指农地流转后与农地流转前单位面积土地平均产出变化量与农地流转前单位面积土地平均产出的比率。该指标用 A_1 表示。

（2）农民人均纯收入变化指数

该指标反映了农地流转后对农民收入状况的影响，主要衡量农地流转后农民生活水平的变化情况。通常用农地流转后与农地流转前农民人均纯收入的变化量与农地流转前农民人均纯收入的比率表示农民人均纯收入变化指数。该指标用 A_2 表示。

（3）农民农业纯收入占总收入之比变化指数

该指标主要反映农地流转后与农地流转前农民农业纯收入占总收入的变化状况，借此考量农民对农业的依赖程度。该指标用 A_3 表示。

（4）单位土地科技投入变化指数

该指标主要用来考察农地流转后是否增加了科技投入。本书所指的科技投入是指使用农业新品种或者新的耕种方法等能体现农业科技水平的投入。为了直观地衡量科技投入水平，本书将科技投入量作货币化处理，用农地流转后单位土地科技投入额与农地流转前单位土地科技投入额的变化量与农地流转前单位土地科技投入额的比率表示。该指标用 A_4 表示。

（5）单位面积土地机械使用额变化指数

由于反映农地机械化程度的主要指标就是单位农地机械使用率，为了直观地表征农地机械化耕作程度，即农地的机械使用量，需要对机械使用量进行货币化处理。即用农地流转后单位面积土地机械使用额与农地流转前单位面积土地机械使用额的变化量与农地流转前单位面积土地机械使用额的比率表示。该指标用 A_5 代表。

农地流转经济绩效表现在多个方面，本研究评价农地流转经济绩效着重从农地流转后对社会经济发展、农村产业发展以及农户生活水平的改善3个方面选取5项具有代表性的指标，具体构建的评价指标体系如图3-2所示。

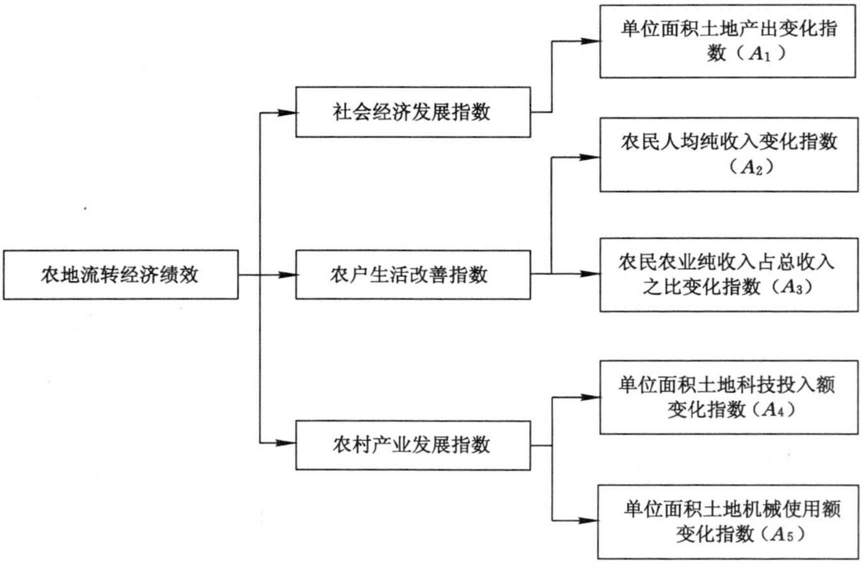

图3-2　农地流转经济绩效评价指标体系图

3.5.2　农地流转生态绩效评价指标体系

农地流转生态绩效是指在其他影响因素不变的前提下，农地流转后对农地的质量和环境的影响，它是反映农地流转生态绩效的一个重要指标。本书主要选取农地流转后农药和化肥的施用额的变化指数来评价农地流转生态绩效。

（1）单位面积土地化肥施用额变化指数

实践与研究均表明，过多施用化肥可能会引起土壤酸碱度变化，造成土壤酸化、土壤板结，甚至可能会造成土壤污染等。为直观衡量化肥的施用情况，将化肥施用量进行货币量化处理。该指标主要用农地流转前单位面积土地化肥施用额与农地流转后单位面积土地化肥施用额的变化量与农地流转前单位面积土地化肥施用额的比率表示。该指标用 B_1 表示。

（2）单位面积土地农药使用额变化指数

由于农药的化学性质较稳定，容易在土壤中累积，且易转移到水土中。近几年农药对土壤的影响逐渐引起人们重视。该指标用农地流转前单位面积土地农药施用额与农地流转后单位面积土地农药施用额的变化量与农地流转前单位面积土地农药施用额的比率表示。该指标同样进行了货币量化，用 B_2 表示。

（3）单位面积土地水土流失面积变化指数

自然因素和人为因素均可造成水土流失，水土流失容易使土壤破坏，农业生产环境恶化。山区、丘陵及风沙区容易发生水土流失。该指标用农地流转前单位面积土地水土流失面积与农地流转后单位面积土地水土流失面积的变化量与农地流转前单位面积土地水土流失面积的比率表示。该指标用 B_3 表示。

农地流转生态绩效主要考量农地流转后对农村及农业生态环境的影响，具体的指标体系如图 3-3 所示。

3.5.3　农地流转社会绩效评价指标体系

社会绩效是指在经济发展基础上的社会全面进步。农地流转社会绩

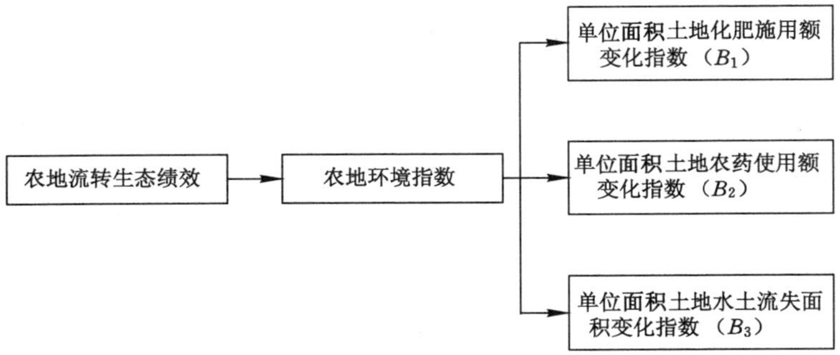

图 3-3　农地流转生态绩效评价指标体系图

效是指在农村经济发展过程中，在其他影响因素不变的前提下，农地流转后对农村社会发展产生的影响。农地流转对农村社会的影响反映在多个方面，如流转后农民收入状况、农民生活水平、农民就业时间的变化及农民对农地流转的满意度等。本研究着重选取两个指标反映农地流转后对农村社会的影响。

（1）农户对农地流转的满意度

它是反映农户对农地流转成效满意程度的一项指标，指样本农户中对农地流转满意或基本满意的农户占样本农户总数的百分比。该指标以 C_1 表示。

C_1＝样本农户中支持农地流转的农户数/样本农户总数

（2）农民的有效就业时间指数

农业生产季节性较强，规模化、机械化的农业生产模式缩短了农民从事农业生产的有效就业时间，改变了传统的小农生产模式，提高了农民从事农业的有效时间。该指标用农地流转前农民从事农业的有效就业时间与农地流转后农民从事农业的有效就业时间的变化量与农地流转前农民从事农业的有效就业时间的比率表示。该指标用 C_2 代表。

（3）单位面积土地劳动力投入变化指数

该指标可以在一定程度上反映经营单位面积土地所需投入的劳动力数量的变化情况。通常用农地流转前经营单位面积土地所需投入的劳动力数量与农地流转后经营单位面积土地所需投入的劳动力数量的变化量与农地流转前经营单位面积土地所需投入的劳动力数量的比率表示。该指标用 C_3 表示。

综上，本研究从农民对农地流转的满意状况及农地流转对农民从业状况的改变情况等来反映农地流转对农村社会的影响，具体的指标体系如图 3-4 所示。

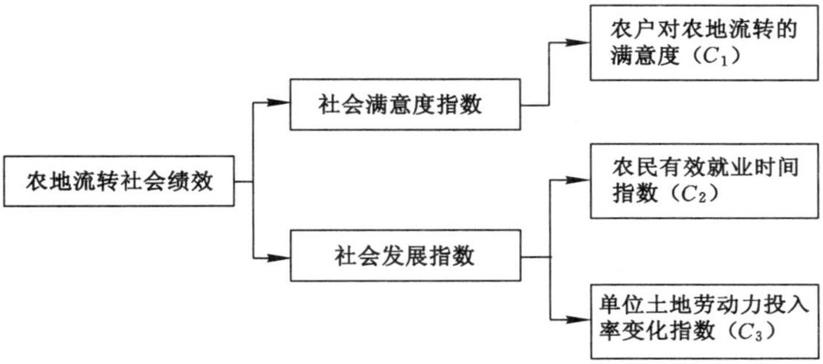

图 3-4　农地流转社会绩效指标体系图

3.6　农地流转绩效评价实证研究

3.6.1　区域概况

荥阳市位于河南省中部，地处北纬 34°36′05″～34°58′01″、东经 113°09′36″～113°28′48″。东临省会郑州，南接新密，西与巩义接壤，北临黄河，南北长 44.5 km、东西宽 32.5 km，土地总面积 908 km^2，常年耕地面积 62.4 万亩。下辖 9 镇 3 乡 2 个街道办事处和 1 个风景区管委，共有 288 个行政村，全市总人口 65 万，其中农业人口 48.6 万。耕地总面积 62.4 万亩，其中水浇地 41 万亩，已形成粮食、蔬菜、林果、畜牧四大支柱产业。2015 年粮食总产量 33.06 万 t，蔬菜、水产品、肉、蛋、奶产量分别达到 50 万 t、1.85 万 t、4.9 万 t、7.7 万 t、11.2 万 t。农业总产值达到 29.8 亿元，农民人均纯收入达到 16 370 元。

3.6.2 调研方式及数据采集

数据主要来源于对荥阳市农地流转的实地调研，即通过对农地流转发生率较高的村庄随机发放问卷，取得第一手资料。调研方式分为两种：第一，以座谈的方式向乡镇政府农业干部了解乡镇农地流转的总体情况，获得村农地流转的整体数据；第二，根据座谈结果选取有代表性的村庄实地访谈，并随机发放调查问卷，获得农地流转相关数据，走访农地流转相关企业及农业种植大户，获得农地流转后相关数据。

3.6.3 区域概况及指标体系构建

(1) 荥阳市农地流转概况

荥阳市G乡南部平原地势平坦，流转方式主要以集体为主导，农用地主要转包给农业公司或种植大户。农地流转后种植大户承包农地多用来种植部分经济效益较高的作物，如一季土豆、一季白菜或者玉米等种植模式，或是发展特色种植。目前该乡农地流转形式多样，已由最初的地块互换发展为返租倒包等多种形式。地块互换时农地流转后种植种类多是以小麦、玉米为主，随着农地流转率的提高以及农地流转规模的扩大，农地流转后多以种植经济作物或发展特色化经营。G乡围绕南水北调干渠打造的以星华园林、天时花卉和月季园为引领的花卉苗木产业带初具规模，目前花卉苗木种植已达4 000余亩，其都市型现代观光农业的带头作用日趋明显。截至2015年年底，该乡流转农地总面积共计21 763亩。

以W村为例，该村以整村流转为特点，以转包为主要流转方式。即全村村民在村委会的组织下，通过村民与村委会签订委托书、村委会与企业签订流转合同的方式，本着自愿的原则，将全村土地(除一户居民不愿流转，该户农地面积20亩)流转给X园林工程有限公司用于苗木花卉的种植。目前农地流转总面积共计3 160亩，居省内相关行业首位。从2013年开始，该公司已累计投入数千万元用于花卉苗木产业集聚区建设，目前已经开始有前期收入。参与农地流转的农户主要收入有3部分，即企业按合同支付的农地流转租金、国家拨付的农业补贴以及农户到园区或外出打工获得的工资性收入等。同时农地流转后形成的花卉苗木产业集聚区，极大地带动了相关物流等服务行业的发展，农民生活水平也得到了相当程度的改善。

（2）农地流转绩效评价指标体系构建

农地流转是一项涉及经济、社会和生态等领域的复杂项目。农地流转综合绩效需要反映农地流转后对社会、经济和生态等各方面、各领域的影响的综合判断。因而农地流转绩效评价应从不同层面和不同角度综合评判农地流转后对当地农业生产、农民生活以及产业发展带来的变化。

依据科学性、系统性、可操作性和代表性原则，结合调研地区农地流转基本状况，着眼于农地流转功能，充分考虑农村农地流转影响因素及该因素对综合绩效的影响程度以及数据的可获取性等诸多因素，从经济绩效、社会绩效和生态绩效 3 个方面共选取 9 项指标构建农地流转综合绩效评价指标体系。经济绩效主要体现农地流转对农民收入、生活状态的改善程度以及对农业现代化发展的影响，社会绩效主要体现农民对农地流转的满意度以及劳务时间分配问题，生态绩效主要体现耕地不同利用方式下农药化肥用量的改变对农地质量的影响状况。农地流转绩效评价指标体系及指标含义见表 3-3。

3.6.4　基于层次分析法的绩效评价实证分析

（1）计算公式

根据上述构建的农村土地流转绩效评价指标体系，按照“1～9”标度法，征询农业专家，构造判断矩阵。评价指标值采用实地调研的样本指标的平均值。在确定各评价指标权重基础上，将各评价指标的平均值与其权重相乘，再累加求和，得出农地流转的综合绩效。计算公式如下：

$$F = \sum_{i=1}^{n} (w_i \times A_i) \times 100 \tag{3-1}$$

式中　F——农地流转综合绩效值；

表 3-3　　农地流转绩效评价指标及其含义一览表

目标层	准则层	指标层	计算公式	指标意义
农地流转绩效 A	经济绩效 B_1	单位土地劳动力投入指数 C_1	$\frac{单位农地劳动投入量减少量}{流转前的单位农地劳动投入量}$	反映农民劳动力投入变化
		农民人均纯收入变化指数 C_2	$\frac{农民人均纯收入增加量}{流转前农民人均纯收入}$	反映农村居民生活质量变化
		农民农业纯收入占总收入变化指数 C_3	$\frac{农业收入占总收入比值的减少量}{流转前农业收入占总收入比值}$	反映农民生活状态改善状况
		单位土地产出率变化指数 C_4	$\frac{单位土地产出增加量}{流转前单位土地产出量}$	反映农地利用效率变化状况
		单位农地机械化投入额变化指数 C_5	$\frac{单位农地机械化投入额增加量}{流转前单位农地机械化投入额}$	反映农地现代化经营情况
	社会绩效 B_2	农地流转的满意度 C_6	$\frac{样本农民中支持农地流转的人数}{该样本流转总人数}$	反映农民对农地流转满意程度
		农民有效就业时间指数 C_7	$\frac{流转后农民有效就业时间减少量}{流转前农民有效就业时间}$	反映农民有效就业时间变化
	生态绩效 B_3	单位农地化肥施用额变化指数 C_8	$\frac{单位农地化肥施用量的减少额}{流转前单位农地化肥施用量}$	反映化肥变化对农地的影响
		单位农地农药使用额变化指数 C_9	$\frac{单位农地农药使用额减少量}{流转前单位农地农药使用额}$	反映农药变化对农地的影响

w_i——评价指标权重；

A_i——评价指标值；

n——评价指标的个数。

（2）具体过程

① 建立层次结构：把农地流转综合绩效作为目标层，把影响农地流转综合绩效的经济绩效、社会绩效和生态绩效作为准则层，再把影响准则层中各元素的因素作为指标层。

② 构造判断矩阵：通过征询当地农业干部并结合从事农地流转相关

研究学者的意见按照“1～9”标度法，构造判断矩阵(见表 3-4～表 3-7)，并运用层次分析法计算出指标层对于目标层(综合绩效)的组合权重。准则层矩阵 B 对于目标层 A 的判断矩阵见表 3-4，经济绩效指标层相对于准则层 B1 的判断矩阵见表 3-5，社会指标层相对于准则层 B2 的判断矩阵见表 3-6，生态指标层相对于准则层 B3 的判断矩阵见表 3-7。

表 3-4　　判断矩阵 A—B

A	B_1	B_2	B_3
B_1	1	4	5
B_2	1/4	1	3
B_3	1/5	1/3	1

表 3-5　　判断矩阵 B_1—C

B_1	C_1	C_2	C_3	C_4	C_5
C_1	1	1/7	1/2	1/2	1/3
C_2	7	1	2	2	3
C_3	2	1/2	1	1/3	3
C_4	2	1/2	3	1	2
C_5	3	1/3	1/3	1/3	1

表 3-6　　判断矩阵 B_2—C

B_2	C_6	C_7
C_6	1	1/3
C_7	3	1

表 3-7　　判断矩阵 B_3—C

B_3	C_8	C_9
C_8	1	1
C_9	1	1

③ 层次单排序和一致性检验：

准则层矩阵 **B** 对于目标层 **A** 的判断矩阵 **Z**，将 **Z** 中各元素按列进行归一化处理，得到另一个矩阵 **F**：

$$\boldsymbol{F} = \begin{bmatrix} 0.69 & 0.75 & 0.56 \\ 0.17 & 0.19 & 0.33 \\ 0.14 & 0.06 & 0.11 \end{bmatrix}$$

将 **F** 中各行元素分别相加，构造矩阵 **D**，并进行归一化处理，得特征向量 **d**：

$$\boldsymbol{d} = \begin{bmatrix} 0.67 \\ 0.23 \\ 0.10 \end{bmatrix}$$

计算 $\lambda_{\max}$：

$$\lambda_{\max} = \frac{1}{n}\sum_{i=1}^{n}\frac{(Zd)_i}{d_i}$$

式中，$(Zd)_i$ 为向量 **Zd** 的第 i 个分量。

$$\boldsymbol{Zd} = \begin{bmatrix} 1 & 4 & 5 \\ 1/4 & 3 & 3 \\ 1/5 & 1/3 & 3 \end{bmatrix} \times \begin{bmatrix} 0.67 \\ 0.23 \\ 0.10 \end{bmatrix} = \begin{bmatrix} 2.11 \\ 0.71 \\ 0.31 \end{bmatrix}$$

$$\lambda_{\max} = 3.09, RI = 0.58$$

$CR=CI/RI=0.07<0.1$，具有满意的一致性。

同理求得其余判断矩阵的特征根和特征向量。

经济绩效指标层相对于准则层 B_1 的判断矩阵 **J**：

$$\boldsymbol{J} = \begin{bmatrix} 1 & 0.14 & 0.5 & 0.5 & 0.33 \\ 7 & 1 & 2 & 2 & 3 \\ 2 & 0.5 & 1 & 0.33 & 3 \\ 2 & 0.5 & 3 & 1 & 2 \\ 3 & 0.33 & 0.33 & 0.5 & 1 \end{bmatrix}$$

经过归一化处理后得特征向量 **e**：

$$e = |0.07 \quad 0.39 \quad 0.18 \quad 0.24 \quad 0.12|^{T}$$

$$\lambda_{\max} = 5.39$$

$$CI = (\lambda_{\max} - n)/(n-1) = 0.10, n = 5$$

$$RI = 1:12$$

$CR=CI/RI=0.09<0.1$，具有满意的一致性。

社会绩效指标层相对于准则层 B_2 的判断矩阵 $\boldsymbol{G}$：

$$\boldsymbol{G} = \begin{bmatrix} 1 & 3 \\ 1/3 & 1 \end{bmatrix}$$

经过归一化处理后得特征向量 $\boldsymbol{g}$：

$$\boldsymbol{g} = (0.75 \quad 0.25)^{T}$$

$$\lambda_{\max} = 2$$

$$CI = 0, \ RI = 0$$

$CR=0<0.1$，具有满意的一致性。

生态绩效指标层相对于准则层 B_3 的判断矩阵 $\boldsymbol{H}$：

$$\boldsymbol{H} = \begin{bmatrix} 1 & 1 \\ 1 & 1 \end{bmatrix}$$

经过归一化处理后得特征向量 $\boldsymbol{h}$：

$$\boldsymbol{h} = [0.5 \quad 0.5]^{T}$$

$$\lambda_{\max} = 2$$

$$CI = 0$$

$$RI = 0$$

$CR=0<0.1$，具有满意的一致性。

④ 层次总排序和一致性检验：

$$CI = \sum_{i=1}^{3} d_i CI_i = 0.67 \times 0.10 + 0.23 \times 0 + 0.10 \times 0 = 0.067$$

$$RI = \sum_{i=1}^{3} d_i RI_i = 0.67 \times 0.09 + 0.23 \times 0 + 0.10 \times 0 = 0.06$$

$RI<0.1$，具有满意的一致性。

最终求得各指标权重见表3-8。

表 3-8　　农地流转绩效评价指标权重表

	经济 0.67	社会 0.23	生态 0.10	组合权重	
C_1	0.07	0.00	0.00	$\sum_{i=1}^{3} B_i C_{1i}$	0.05
C_2	0.39	0.00	0.00	$\sum_{i=1}^{3} B_i C_{2i}$	0.26
C_3	0.18	0.00	0.00	…	0.12
C_4	0.24	0.00	0.00	…	0.16
C_5	0.12	0.00	0.00	…	0.08
C_6	0.00	0.75	0.00	…	0.17
C_7	0.00	0.25	0.00	…	0.06
C_8	0.00	0.00	0.50	…	0.05
C_9	0.00	0.00	0.50	…	0.05

⑤ 农地流转综合绩效评价结果：

根据公式(3-1)，结合实地调研数据及已求得的指标权重值，计算得到农地流转绩效评价分值为 62.59，具体见表 3-9。

表 3-9　　农地流转绩效评价结果

准则层	指标层	权重	指标初始值	加权值
经济绩效	单位土地劳动力投入变化指数 C_1	0.05	0.81	4.05
	农民人均纯收入变化指数 C_2	0.26	0.88	22.88
	农业收入占总收入变化指数 C_3	0.12	0.8	9.6
	单位土地产出变化指数 C_4	0.16	1.41	22.56
	单位土地科技投入变化指数 C_5	0.08	0.16	1.28
社会绩效	农民对土地流转满意度 C_6	0.17	0.8	13.6
	农民有效就业时间变化指数 C_7	0.06	0.52	3.12
生态绩效	单位土地化肥施用额变化指数 C_8	0.05	0.08	0.4
	单位土地农药施用额变化指数 C_9	0.05	−2.98	−14.9
加权运算后得出农地流转综合绩效 $F=62.59$				

3.6.5 基于模糊综合评价法的绩效评价实证分析

基于模糊综合评价法的农地流转绩效评价过程：

（1）计算评价指标值

评价指标值主要来源于调查问卷，以调查问卷为基础，依据指标含义求得样本指标数值，然后再确定评价指标值。

（2）确定评价等级标准集

目前我国对于农地流转绩效评价还没有一个确切的标准，因此，很难以一个标准的数值作为评判标准。根据调查区域的具体情况，依据人们的认知习惯，将其分为4个等级，建立评价的等级标准集 V，则 $V=|V_1\quad V_2\quad V_3\quad V_4|=|$优　良　中　差$|$。

（3）评价指标等级划分标准

鉴于目前国内外缺乏统一的标准评定农地流转综合绩效，因而采用特尔菲法确定各评价指标等级的划分标准。特尔菲法的基本思路是先就评价指标等级问题征询相关领域如农业、土地、生态、经济等方面的专家，并将评价指标等级归纳成几个类型，然后以匿名的方式反馈给专家，请他们做进一步的思考，并征求专家们修改后的意见，然后再归纳、整理、反馈，通常需要进行三轮征询，最后使专家们得到相对比较一致的各评价指标等级的模糊分布，具体见表3-10。

表3-10　农地流转绩效评价指标等级划分标准

指标层	优	良	中	差
单位土地劳动力投入变化指数 C_1	>0.91	(0.77,0.91]	(0.63,0.77]	≤0.63
农民人均纯收入变化指数 C_2	>3.18	(1.18,3.18]	(0,1.18]	≤0
农业收入占总收入变化指数 C_3	>0.9	(0.74,0.9]	(0.57,0.74]	≤0.57
单位土地产出变化指数 C_4	>1.78	(1.48,1.78]	(1.17,1.48]	≤1.17
单位土地机械化投入变化指数 C_5	>0.76	(0.38,0.76]	(0,0.38]	≤0

续表 3-10

指标层	优	良	中	差
农民对农地流转满意度 C_6	>0.9	(0.8,0.9]	(0.6,0.8]	≤0.6
农民有效就业时间变化指数 C_7	>0.63	(0.26,0.63]	(−0.11,0.26]	≤−0.11
单位土地化肥施用额变化指数 C_8	>0.53	(−0.03,0.53]	(−0.58,−0.03]	≤−0.58
单位土地农药施用额变化指数 C_9	>−0.2	(−0.56,−0.2]	(−11,−0.56]	≤−11

（4）确定模糊子集

本研究尝试将指标权重作为评价的模糊子集，指标权重的确定采用层次分析法。各指标权重见表 3-8。

由表 3-8 可以建立评价指标的模糊子集，如下所示：

$$\boldsymbol{A} = [A_1 \quad A_2 \quad A_3] = [0.67 \quad 0.23 \quad 0.10]$$

$$\boldsymbol{A}_1 = [w_1 \quad w_2 \quad w_3 \quad w_4 \quad w_5] = [0.07 \quad 0.39 \quad 0.18 \quad 0.24 \quad 0.12]$$

$$\boldsymbol{A}_2 = [w_6 \quad w_7] = [0.75 \quad 0.25]$$

$$\boldsymbol{A}_3 = [w_8 \quad w_9] = [0.50 \quad 0.50]$$

（5）确定各评价因素的评判矩阵

由于单位农地劳动力投入指数（C_1）、农民人均纯收入变化指数（C_2）、农户农业收入占总收入变化指数（C_3）、单位农地产出变化指数（C_4）、单位农地机械投入变化指数（C_5）、农民有效就业时间变化指数（C_7）、单位农地化肥施用额变化指数（C_8）等 7 项指标都是连续变化数值，在对原始数据进行处理后采用升半梯形分布形式。

$$\mu_{2A(X)} = \begin{cases} 1 & x > a \\ \dfrac{x-b}{a-b} & b < x \leqslant a \\ \dfrac{x-c}{b-c} & c < x \leqslant b \\ 0 & x \leqslant c \end{cases} \tag{3-2}$$

式中，$\mu_{A(x)}$代表指标值 x 在模糊子集 A 上的隶属度；a、b、c 分别表示优、良、中、差各等级对应的临界值；x 代表调查的实际值。

依据上述方法，计算得到各指标隶属度表，见表 3-11。

表 3-11　　评价指标隶属度表

目标层 A	准则层 B	指标层 C	指标值	优	良	中	差
农地流转综合绩效	经济绩效 (0.67)	单位土地劳动力投入指数 C_1	0.81	0.31	0.69	0.00	0.00
		农民人均纯收入变化指数 C_2	0.88	0.00	0.74	0.26	0.00
		农业收入占总收入变化指数 C_3	0.80	0.39	0.61	0.00	0.00
		单位土地产出率变化指数 C_4	1.41	0.00	0.78	0.22	0.00
		单位土地机械化投入变化指数 C_5	0.16	0.42	0.58	0.00	0.00
	社会绩效 (0.23)	农民对农地流转满意度 C_6	0.80	0.00	1.00	0.00	0.00
		农民有效就业时间变化指数 C_7	0.52	0.71	0.29	0.00	0.00
	生态绩效 (0.10)	单位土地化肥施用额变化指数 C_8	0.08	0.20	0.80	0.00	0.00
		单位土地农药施用额变化指数 C_9	−2.98	0.00	0.77	0.23	1.00

(6) 农地流转绩效评价结果

① 准则层绩效综合评价

经济绩效指标的评价结果：

经济绩效指标层相对经济绩效的权重矩阵乘以经济绩效的隶属度函数矩阵即为经济绩效评价矩阵。经济绩效指标的评价结果为：

$$\boldsymbol{B}_1=\boldsymbol{A}_1\times\boldsymbol{R}_1$$

$$=(0.07\quad 0.39\quad 0.18\quad 0.24\quad 0.12)\times\begin{bmatrix}0.31 & 0.69 & 0.00 & 0.00\\ 0.00 & 0.74 & 0.26 & 0.00\\ 0.39 & 0.61 & 0.00 & 0.00\\ 0.00 & 0.78 & 0.22 & 0.00\\ 0.00 & 0.42 & 0.58 & 0.00\end{bmatrix}$$

$$=(0.09\quad 0.69\quad 0.22\quad 0.00)$$

从上述计算结果看出，经济绩效是“优”的可能性为 9%，是“良”的可能性为 69%，是“中”的可能性为 22%。依据最大隶属的原则，农地流转的经济绩效等级为“良”。

研究区利用自身良好的地理、环境、气候和交通优势，形成了以苗木花卉为主的第一产业和以农村生态旅游为特色的第三产业，农地流转使农村传统的产业结构得以改变。农业的基础设施、生产条件得以改善优化，农业产业结构得以调整，农地流转为农业的可持续发展奠定了坚实的基础。研究区的经济效益表现为“良”主要是由于单位土地产出降低的缘故，在与园林企业交流的过程中了解到，2013 年完成农地流转，开始培育花卉苗木，但是由于苗木花卉的成长周期比较长，且道路、灌溉设施等基础设施大部分需要企业去完成，前期投资比较大，大概需要 5～7 年才能收回成本，投资回报期比较长，但是后期收益会很大，产业前景很好。所以说经济效益“良”等级只是暂时的，在未来的发展中能够达到“优”等级。

社会绩效指标的评价结果：

社会绩效指标层相对社会绩效的权重矩阵乘以社会绩效的隶属度函数矩阵即为社会绩效评价矩阵：

$$
\begin{aligned}
\boldsymbol{B}_2 &= \boldsymbol{A}_2 \times \boldsymbol{R}_2 \\
&= (0.75 \quad 0.25) \times \begin{pmatrix} 0.00 & 1.00 & 0.00 & 0.00 \\ 0.71 & 0.29 & 0.00 & 0.00 \end{pmatrix} \\
&= (0.18 \quad 0.82 \quad 0.00 \quad 0.00)
\end{aligned}
$$

从上述计算结果看出，社会绩效是“优”的可能性为 18%，是“良”的可能性为 82%，依据最大隶属的原则，农地流转的社会绩效等级为“良”。

农地流转前，农民一年大约花费一个月的时间来管理农田事物，并且经营时间比较零散，难以从农地中解脱。农地流转后，农民不再关注于农业经营，在时间支配上有了更多的自由。更多的年轻人选择外出打工就业，获得工资性收入，而年长者则选择为当地企业工作，这类工作的技术含量低，对绝大多数的农民来说都能够胜任，这样农民不仅可以获得农地流转租金，还可以为当地企业打工，获得工资性收入，实现劳动力的充分合理有效利用。同时，当地企业主要种植苗木花卉等收益较高的经济作物，而苗木花卉属于劳动密集型产业，当地大量的廉价劳动力降低了企业生产成本，提高了企业收益。农地流转的实践，可以促使农村年轻剩余劳动力向城镇有序转移，为城镇化发展提供了充足的后备劳动力资源，同时当地企业也能够为附近农民提供足够的就业机会。农地流转有利于农业结构的优化调整，提高农村的就业能力，解放和转移了部分劳动力，获得了较高的社会满意度，增强了农民的幸福感。虽然目前农民对于农地流转的满意度较高，但由于农业风险较大，农户担心未来如果不能及时得到农地流转租金，农户自家的口粮就会缺少基本保障。同时农户也对农地流转后的非粮化现象表现出担忧。

生态绩效指标的综合评价结果：

生态绩效指标层相对生态绩效的权重矩阵乘以生态绩效的隶属度函数矩阵即为生态绩效评价矩阵：

$$
\begin{aligned}
\boldsymbol{B}_3 &= \mathbf{A}_3 \times \boldsymbol{R}_3 \\
&= (0.50 \quad 0.50) \times \begin{pmatrix} 0.20 & 0.80 & 0.00 & 0.00 \\ 0.00 & 0.77 & 0.23 & 0.00 \end{pmatrix} \\
&= (0.10 \quad 0.79 \quad 0.12 \quad 0.00)
\end{aligned}
$$

从上述计算结果看出，生态绩效是“优”的可能性为 10%，是“良”的可能性为 79%，是“中”的可能性为 12%，根据最大隶属的原则，农地流转的生态绩效等级为“良”。

经过实际调查研究和数据整理统计后发现，农地流转前化肥施用量的平均水平为每公顷 6 000 元左右，主要采用农地全覆盖的施肥方式。农地流转后化肥施用量为每公顷 2 370 元左右，主要采用根部施肥的方式，这样大大节约了成本，并且有利于植物的营养吸收，防止土壤板结，提高土壤质地。苗木花卉种植使绿化程度得到提高，水土保湿能力增强。但是农药施用量流转前为每公顷 600 元左右，流转后每公顷为 1 800 元左右，农药的施用量增幅很大，这可能会对农村生态环境造成新的不利影响。今后在提高经济效益和社会效益的基础上，尽量强化生态管护与建设，提高生态环境。

② 目标层农地流转绩效综合评价

由准则层（经济绩效、社会绩效、生态绩效）指标权重组成权重矩阵 $\boldsymbol{A}$，由各指标层（经济绩效、社会绩效、生态绩效）评价结果组成综合评价矩阵 $\boldsymbol{R}$，计算得出农地流转的综合绩效等级 $\boldsymbol{B}$：

$$\boldsymbol{B}=\boldsymbol{A}\times\boldsymbol{R}$$

$$=(0.67\quad 0.23\quad 0.10)\times\begin{pmatrix}0.09 & 0.69 & 0.22 & 0.00\\0.18 & 0.82 & 0.00 & 0.00\\0.10 & 0.79 & 0.12 & 0.00\end{pmatrix}$$

$$=(0.11\quad 0.73\quad 0.16\quad 0.00)$$

从上述计算结果看出，经济绩效是“优”的可能性为 11%，“良”的可能性为 73%，“中”的可能性为 16%，根据最大隶属的原则，综合绩效等级为“良”。

(7) 农地流转综合绩效评价结果分析

本研究从经济、社会和生态三个方面挑选了 9 项指标，设计了较为完善的农地流转绩效评价指标体系，结合研究区实际情况建立了绩效评价的基本数学模型。在评价过程中遵循定性与定量相结合的原则，结果表明，农地流转综合绩效表现为“良”，其中经济绩效表现为“良”，但在未来的发展中，花卉苗木市场前景良好，后期投入降低，经济收益会有明显的提升，因此经济绩效等级提高是必然趋势，农地流转双方经济效益必定提高。通过农地流转，实现了土地的规模经营，改善了农地基础设施建设，释放和转移了部分劳动力，拓宽了农民的收入渠道，增强了农民的幸福感，有利于农村可持续发展。农地流转后，虽然说生态环境在一定程度上得到了改善，特别是种植了苗木花卉之后，绿化程度得到提高，水土保湿能力增强，但是农药的施用量较流转前有很大幅度的提高，对生态系统可能造成一定的危害，因此需要对农药的使用方法进行有效的改进。

3.6.6 农地流转综合绩效评价方法选取

结合当地农户、村集体、乡镇政府及农业企业的反响，以上两种方法的评价结果相比，模糊综合评价结果更符合实际情况。这是由于层次分析法主观性太强，评价结果容易受到个人主观因素的影响，而在层次分析法的基础上运用模糊综合评价法来探讨农地流转绩效问题，通过运用精准的数学方法对相对模糊的信息资料进行较为合理、贴近实际的量化评价，可以有效降低个人主观因素对评价结果的影响，因而在研究农地流转绩效评价时选取模糊综合评价法较为合适。

第4章 农地流转绩效评价决策支持系统数据库设计

市场信息的真实、准确程度直接影响农地流转市场的健康运行。当前，农村基础信息建设相对落后，不同区域间或相关行业间信息共享困难，不同主体所掌握的农地信息不同，且未能对农地流转后的状况进行及时监管，在一定程度上影响了农地流转的效率。建立农地流转绩效评价空间决策支持系统（Farmland Circulation Performance Evaluation Spatial Decision Support System，以下简称 FCPESDSS）有助于及时掌握农地流转后状况，便于对农地进行科学管理。

4.1 数据库的选择

数据库是 SDSS 的基础，它是以一定方式组织、存储、管理数据的仓库，具有最小的冗余度，能为多个用户使用。农地流转数据库的建立是研究农地流转问题以及对农地流转进行科学管理的前提条件。任何功能的 SDSS 都是以数据作为原材料进行系统加工，以得到关于决策的相关知识和模型。数据库由数据结构定义和数据实体两部分组成，数据库结构是对数据的定义和解释，数据库设计就是把现实世界中的应用数据设计为符合数据库结构要求的数据模型。常用的数据模型有传统的数据库模型和面向对象的数据库模型。

最早出现的数据模型是层次模型，该模型容易理解，层次清楚。其数据结构是若干基本层次结构的集合，是一种树形结构。层次模型管理系统只处理一对多的实体关系，如果是多对多的实体关系则需要先将其分解成一对多关系。由于现实世界中很多联系是非层次性的，若采用该模型容易产生错误。

网状模型比层次模型更具普遍性，能够方便地处理多对多的实体联系，可以更为直接地描述现实世界，但其数据结构复杂，数据的独立性也相对较差。

关系模型在信息系统中应用较为广泛，其基本组成是一张二维表，表与表之间通过一定的关系进行连接，数据库由若干多个表组成。

由于传统的数据库模型更接近或者说是面向计算机建立的，因而与人对客观世界的理解和表达有着相当大的差异性，在表达复杂的自然社会现象时存在很大的局限性。面向对象数据模型将客观世界中客体抽象描述为对象与实体，该模型由数据及对数据的操作组成，可以表达空间数据和属性数据。面向对象数据模型通过构造分层结构描述所要表达的实体间的相互关系，并建立完整的结构模型存储所要表达的对象。不同模型之间可以相互转换，实际工作中如何选取模型主要取决于所要表达的实体间的联系方式以及所研究的问题的性质。

早期地理信息系统中的数据模型主要由 CAD 数据模型、计算机地图制图和数字图像处理等领域的数据模型衍生。目前在 ArcGIS 中广泛使用的空间数据格式有 Shapefile、Coverage 和 Geodatabase 格式。Geodatabase 同时支持 Coverage 和 Shapefile 格式的空间数据。通过增加空间数据扩展模块，它可以把空间数据、属性数据集成在同一数据库中，进而实现严格意义上的地理空间数据库，可以高效地管理各类数据。通过引入行为、关系、规则等实现对空间数据的准确表达，同时根据人们的思维习惯表达对象间的逻辑关系，使其更接近现实状况。另外，用户可以在已有基础上，对研究对象进行继承和扩充，进而构建新的研究对象。

在 ArcGIS 中 Geodatabase 有三种不同的具体实现方式，分别是：① 个人地理数据库 Personal geodatabase，使用微软 Access 关系数据库为数据库引擎，数据库大小上限为 2 GB；② 文件地理数据库 File geodatabase 存储在一个文件夹中的多个文件中，数据库的存储容量可达 1 TB；③ ArcSDE 地理数据库，以其他大型商业数据库管理系统为后台数据存储引擎，可以应对多用户访问和海量地理数据的管理。

结合本研究的特点和需求，地理空间数据的管理和处理分别采用以下数据模型和数据格式，具体见表 4-1。

表 4-1　　农地流转绩效评价数据库数据模型与数据格式

类型	数据库用途及说明
File Geodatabase	FCPESDSS. gdb 存储各种农地流转相关数据
Shapefile	地籍图文件数据源
Excel，CSV	问卷调查数据、各种统计数据

4.2　数据库总体设计

数据库系统研究和处理的对象是数据，数据也是农地流转绩效评价决策支持系统的核心。数据库的设计过程就是指在具备了软硬件环境后，探索如何构建最优数据库模型及其应用系统来表达用户的需求。其设计流程需经过以下几个步骤：系统需求分析、概念模型设计、逻辑结构设计和物理模型设计，见图 4-1 所示。

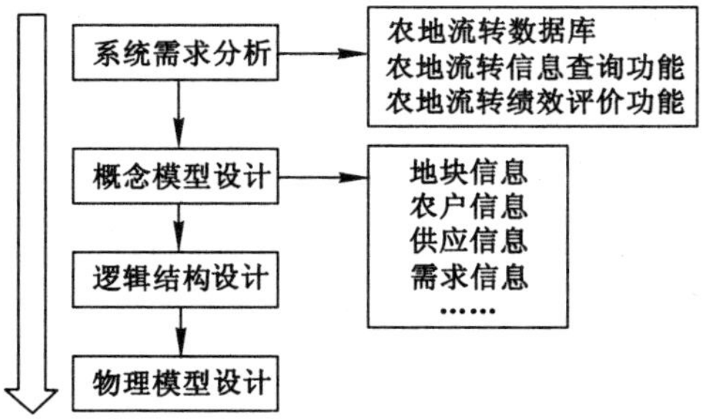

图 4-1　数据库设计流程图

系统需求分析的主要任务是充分了解系统的工作概况，明确需处理的具体对象，调查用户各种需求与实际要求等。数据库设计的任务就是把系统需求分析中所需要的数据按一定模型集成并存储。概念模型设计就是在对数据分析的基础上，设计满足用户需求的数据结构。数据结构应能够方便、准确地表示出现实世界中实体与实体间的联系。逻辑结构设计是指要将概念模型与特定的数据模型对应，并进行详细设计。它决定了在逻辑上怎样组织数据库中的数据，即如何把从现实中抽象出来的概念模型与数据库管理系统的数据模型对应起来。逻辑结构设计决定了在逻辑上怎样组织数据库中的数据，而物理模型设计的目的则是确定数据库的物理结构以便使其符合 GIS 软件的语法规则和数据结构。

4.3　数据需求分析

农地流转的主要模式有出租、转包、互换、反租倒包、股份合作制、土地信托等。农地流转绩效评价是农地流转后对土地资源配置、土地经济产出、农村社会发展等方面产生的影响的综合评价。随着全国确权登记工作的推进以及地籍管理工作的日趋细化，传统的纸质人工管理方法已经不能满足现代农地管理的要求。农地流转数据库建设的主要目的在于能够及时掌握农地使用权变更状况以及地块质量、等级、用途、价格等基本信息；掌握农地流转的规律性和发展趋势，统计分析农地流转后对社会、经济与生态的影响，为农地流转管理提供辅助决策。根据对 FCPESDSS 的需求分析，采用逐层分解法分析系统所需数据流。FCPESDSS 数据流如图4-2所示。

4.4　系统数据库的详细设计

数据库的设计是农地流转决策支持系统的核心。把数据需求分析中所需要的数据抽象为信息世界的结构模型，并按一定规则集成存储起来，就形成数据库。主要表现为农地空间位置的确定，土地权属及利用现状的确立，农地流转前后对经济、社会与生态的影响信息以及相关文档文件的

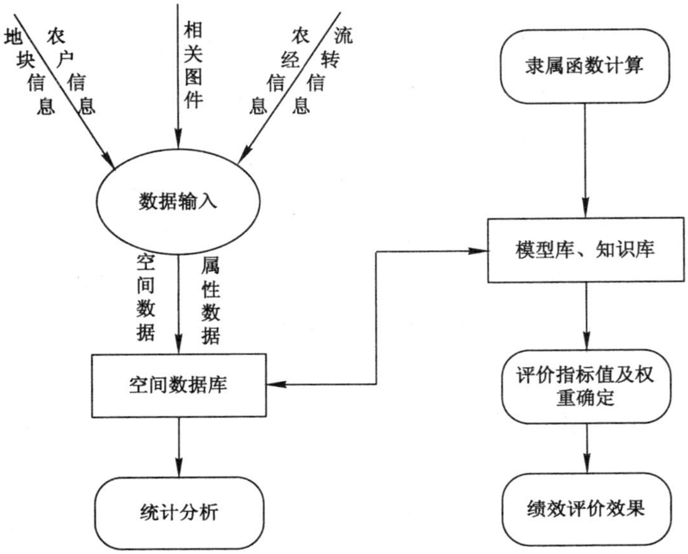

图 4-2　FCPESDSS 数据流图

确立。系统数据分为空间数据、属性数据和非结构化文档数据。设计数据库要坚持实用原则，既要满足主要用户的需求，还要满足潜在用户的需求。数据要能应用于国土部门、农业部门、规划部门、政府决策咨询机构及中介服务机构等多个部门，能发挥最大的社会和经济效益。

在数据库设计过程中，为了保障数据能够共享，参考县(市)级土地利用数据库标准、中华人民共和国行政区划代码、全国河流名称代码、国家干线公路名称和编号等，按照统一标准建立数据库。

从数据特点看，农地流转绩效评价决策支持系统里的数据类型有空间相关数据(空间数据和属性数据)、非空间相关数据。如果收集到的数据是纸质图形数据，需要先通过数字化仪进行数字化，然后再对图幅进行编辑、匹配等操作进而建立空间数据库。在空间数据库的基础上，通过定义属性数据结构、录入数据等操作进而建立属性数据库。通常使用属性连接功能将空间数据与相应的属性数据联系起来。农地流转合同等与空间分布无直接联系的数据称为非空间相关数据。SDSS 中数据存储形式见图 4-3。

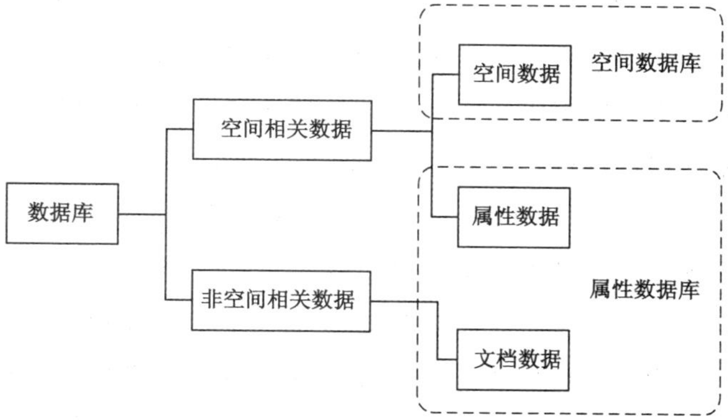

图 4-3　数据库的组成以及不同类型数据间的关系

4.4.1　空间数据库设计

空间数据库系统的主要作用是描述、存储和处理空间数据及其属性数据，它是 GIS 的核心。空间数据的作用是描述空间物体的分布、形状、大小、位置等特征，既包括空间位置信息，也包括空间关系信息。系统空间数据库主要包括点图层、线图层和面图层等矢量数据和栅格影像数据。矢量数据强调对空间个体要素的表达，其几何形态有点、线、面、体等，要素实体常用坐标表示。栅格数据主要用来表示连续现象，它把空间看作若干像元的划分，每个像元值与其位置上的特征相对应。

(1) 数据来源

GIS 数据有空间数据、属性数据，其中空间数据主要来源于基础图件，其获取途径主要有两种：一种是通过 GIS 软件和扫描设备对纸质图进行数字化处理；另一种是通过外部数据源获取所需数据，如遥感数据、GPS 定位获取数据。本系统中的调研采样位置主要来源于 GPS 数据。

属性数据描述地图要素特征，属性数据表格的每一行代表一个地图要素，每一列表示一个特征。属性数据的录入方式有两种：一种是直接录入，另一种是先保存在其他数据库中，在系统运行时调入使用。属性数据库包括基础地理数据、调研数据、评价过程中间数据、评价的结果数据等。农地流转绩效评价系统空间数据库的数据来源包括地图、电子表格、文档资料等。土地利用现状数据库的空间数据来源包括土地利用现状图及其他专题地图等相关图件，能够直观丰富地反映土地利用现状的基本信息。

（2）农地流转地理空间数据库的空间参照系

实现 GIS 目标的基本要求是将不同尺度、不同时期、不同来源的空间地理数据精确定位于公共地理基础之上以表示空间地理信息数据。地理信息系统要求所有的地理要素按经纬度或者特定的坐标系统进行精确空间定位。本研究的荥阳市图件主要为 1∶5 万的大比例尺地图，根据地图投影要素与我国基本地图投影系统相一致的原则，荥阳市图件采用高斯—克吕格投影，西安 1980 坐标系。

空间参照系是所有地理空间数据的空间参照基础框架，它是地理空间信息准确表达的基准。由于需要精确计算土地面积，所以本研究采用高斯—克吕格 3°分带投影坐标系（图 4-4）。空间参照系及所采用地图投影的详细信息见表 4-2。

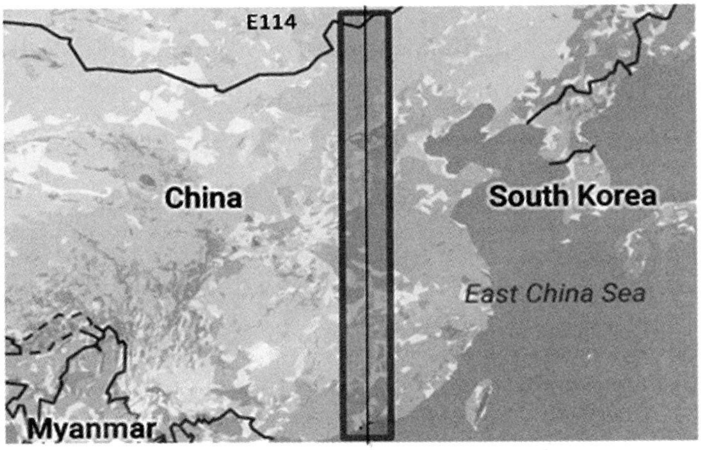

图 4-4　西安 80 高斯—克吕格 3°分带投影坐标系示意图

表 4-2　　空间参照系及地图投影参数

名称	内容
投影坐标系	Xian_1980_3_Degree_GK_Zone_38
投影	Gauss_Kruger
False_Easting	38500000
False_Northing	0
Central_Meridian	114
Scale_Factor	1
Latitude_Of_Origin	0
线性单位	Meter
地理坐标系	GCS_Xian_1980
基准面	D_Xian_1980
本初子午线	Greenwich
角度单位	Degree

在通过 Arcpy 的 SpatialReference 类创建空间参考对象时，需要 prj 文件。以下为本研究所使用的空间参照系的 Well Known Text (WKT)格式表达的 prj 文件。

```
PROJCS["Xian 1980 / 3-degree Gauss-Kruger zone 38",
    GEOGCS["Xian 1980",
        DATUM["Xian_1980",
            SPHEROID["IAG 1975",6378140,298.257,
                AUTHORITY["EPSG","7049"]],
            AUTHORITY["EPSG","6610"]],
        PRIMEM["Greenwich",0,
            AUTHORITY["EPSG","8901"]],
        UNIT["degree",0.0174532925199433,
            AUTHORITY["EPSG","9122"]],
        AUTHORITY["EPSG","4610"]],
```

```
PROJECTION["Transverse_Mercator"],
PARAMETER["latitude_of_origin",0],
PARAMETER["central_meridian",114],
PARAMETER["scale_factor",1],
PARAMETER["false_easting",38500000],
PARAMETER["false_northing",0],
UNIT["metre",1,
    AUTHORITY["EPSG","9001"]],
AUTHORITY["EPSG","2362"]]
```

(3) 基本步骤

建立农地流转绩效评价系统空间数据库的基本步骤是:① 数据预处理:首先对项目的基础数据如土地利用现状图、农用地分等定级图、耕地地力评价图、遥感影像图等所需的基础地理数据进行预处理,得到无缝统一的地理坐标数据。② 数据矢量化:利用 ArcMap 软件对点、线、面图层进行分层矢量化,没有错误就建立拓扑关系,如果有错误继续修改,直到没有错误为止。③ 数据入库:利用 ArcToolbox 将空间数据转化为 shp 格式,把坐标系统设置为已经矢量化好的图层的坐标系统,将 shp 格式数据导入系统空间数据库中,进行数据入库。

(4) 地理实体类说明

农地流转综合绩效评价涉及的数据有空间数据和属性数据。农地流转综合绩效评价决策支持系统中的空间数据主要使用的是矢量数据,要素实体常用坐标表示。常见的空间几何形态有点、线、面、体,着重强调对个体要素的表达。评价区域的空间数据见图 4-5 所示。

农地流转综合绩效评价中涉及的数据有点状数据,如村名等注记,道路、河流等属于线状数据,地块、行政区划等属于面状数据。

具体分类见图 4-6 所示。

属性数据是对空间数据进行说明的数据,各类表格及文本均为属性数

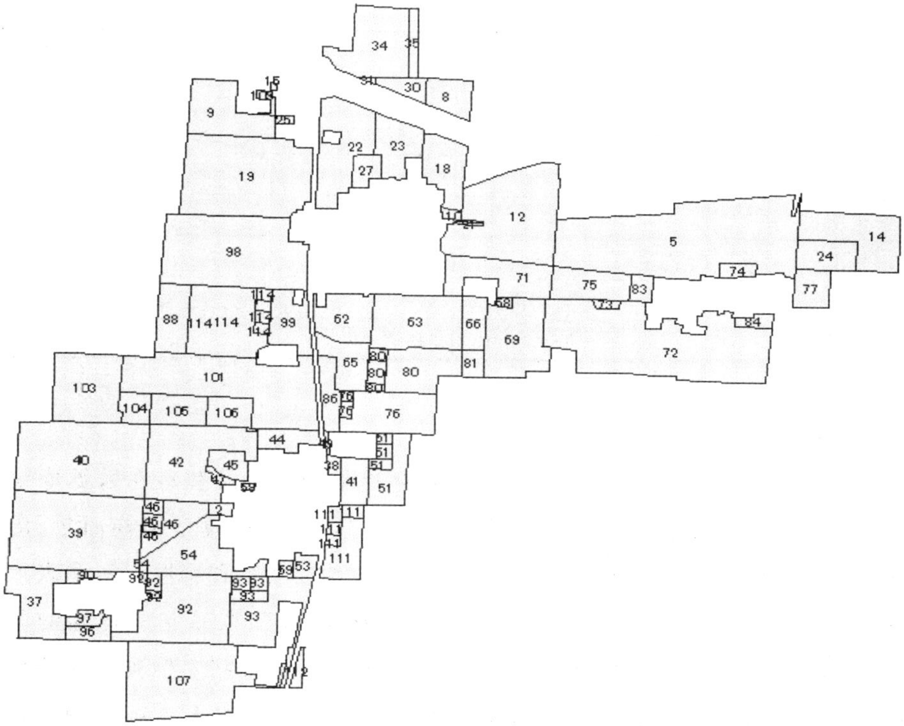

图 4-5　评价区地块矢量空间数据

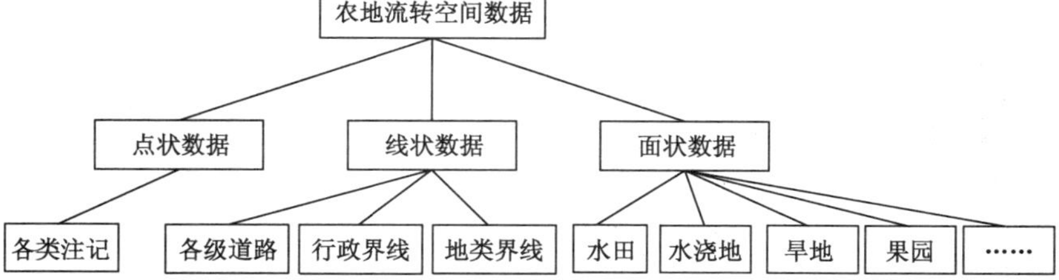

图 4-6　农地流转空间数据分类

据。研究区主要地理数据类别说明见表 4-3。

表 4-3　　　　研究区主要地理数据类别说明

名称	含义	值类型
村	指行政村	面状
水系	指流域内所有河流等各种水体组成的水网系统	面状
道路	指供各种无轨车辆和行人通行的基础设施	线状
村界	指村与村之间的界限	线状
乡界	指乡(镇)与乡(镇)之间的界限	线状
村名	指行政村村名	点状
地类名	指土地利用现状地类名称	点状

(5) 数据库概念设计

数据库概念设计常采用实体—联系模型即(E—R 模型),在数据库设计过程中 E—R 模型被广泛用作数据建模工具。E—R 模型结构简单、语义丰富、描述力强。E—R 模型的主要概念有实体、联系和属性。实体表示现实世界中可以区别于其他对象的"事件"或"物体";联系指实体间的联系,分为实体内部的联系、实体和实体之间的联系;属性指实体某方面的特性。不同实体之间的联系可以分为一对一、一对多、多对多三种类型。根据实体间的关系,建立实体—联系模型,如图 4-7 所示。

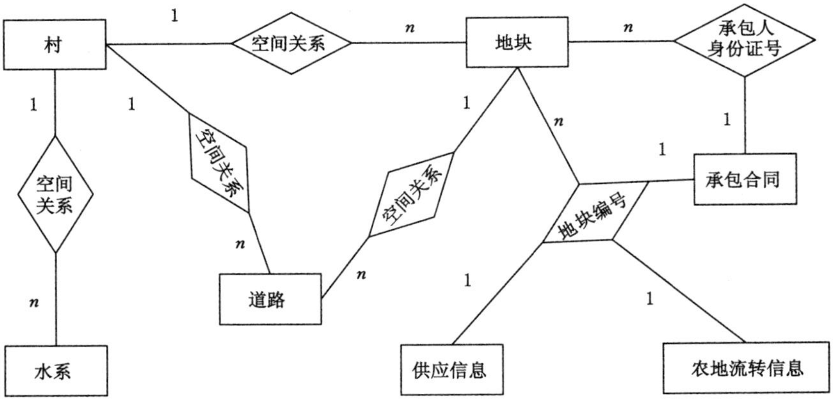

图 4-7　实体—联系模型

农地流转数据库分为空间数据库和属性数据库。空间数据库中的数据有的是现成的 CAD 数据，利用 Arctoolbox 转化为 shapefile 格式，将坐标系统设置为已经矢量化好的图层的坐标系统，然后进行入库。

空间数据库中的主要图层有以下几个：

① 村区划

村区划图包括村名、村土地面积、村转包面积、村转让面积、村互换面积、村入股面积、村出租面积、村流转面积等字段。村区划 E—R 模型见图 4-8 所示。

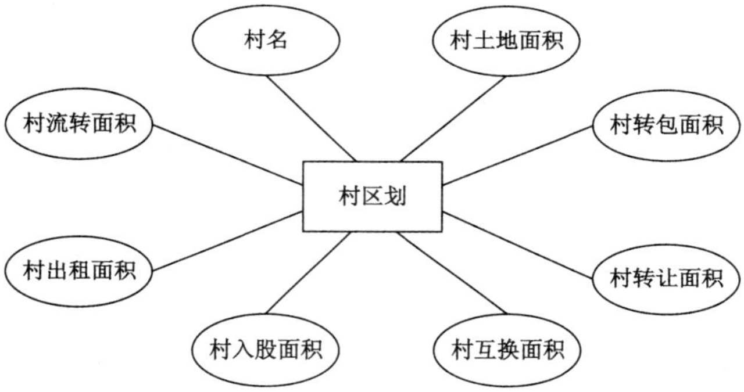

图 4-8　村区划 E—R 模型

村区划结构见表 4-4 所示。

表 4-4　　村区划结构

字段名称	字段类型	字段长度	小数长度
村名	Char	20	0
村土地面积	Float	4	2
村转包面积	Float	4	2
村转让面积	Float	4	2
村互换面积	Float	4	2
村入股面积	Float	4	2
村出租面积	Float	4	2

② 道路

道路名称包括道路名和长度。道路 E—R 模型见图 4-9 所示。

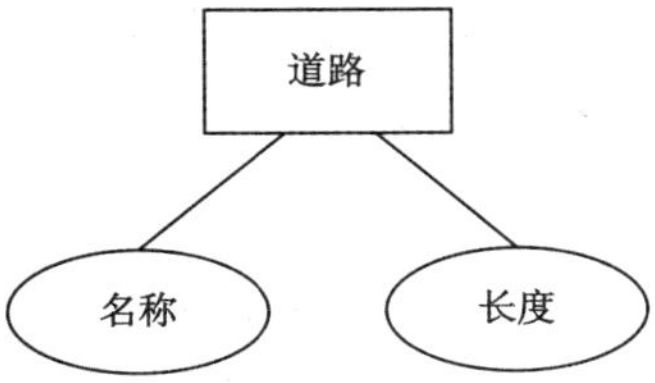

图 4-9 道路 E—R 模型

道路结构见表 4-5 所示。

表 4-5 道路结构

字段名称	字段类型	字段长度	小数长度
道路名称	Char	60	0
长度	Float	4	1

③ 水系

水系主要包括水系名称和长度等字段。水系 E—R 模型见图 4-10 所示。

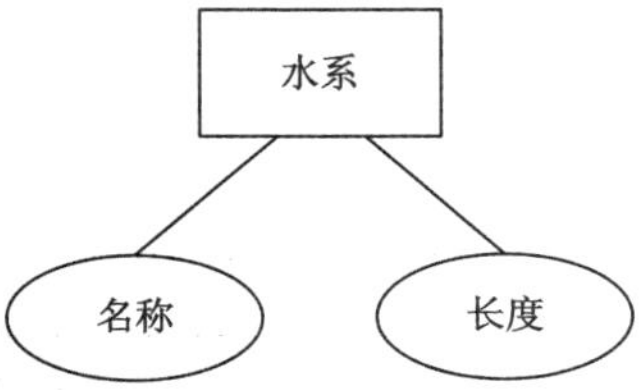

图 4-10 水系 E—R 模型

水系结构见表 4-6 所示。

表 4-6 水系表结构

字段名称	字段类型	字段长度	小数长度
名称	Char	60	0
长度	Float	15	1

4.4.2 属性数据库设计

农地流转绩效评价决策支持系统涉及的属性表有：土地承包合同表、地块信息表（包括地块产量、劳动力的投入量等）、承包人及其家庭成员表、供需信息表（即流出土地信息表和流入土地信息表）、农户收入状况表、农户每年在每亩地投入时间表、农业科技投入状况表、化肥施用额表、农药施用额表等，反映农地流转对社会、经济、生态影响的信息指标。此外，还包括用户登录表，以验证用户是否具有合法身份，并赋予用户相应的权限。系统涉及的信息量较多，需做到各表之间信息交叉最小，而信息量最大，又方便数据库的访问。其主要属性信息表如下所示：

（1）地块信息表

地块信息包括地块编号、地块面积、作物种植类型、地块总产量、地块劳动力投入量、新品种与新技术投入额、地块化肥施用额、地块农药施用额以及该地块承包者身份证号等信息。地块信息 E—R 模型如图 4-11 所示。同时将地块编号设为主键，作为地块的唯一标识，承包者身份证号作为外键与农户信息表等建立连接关系。

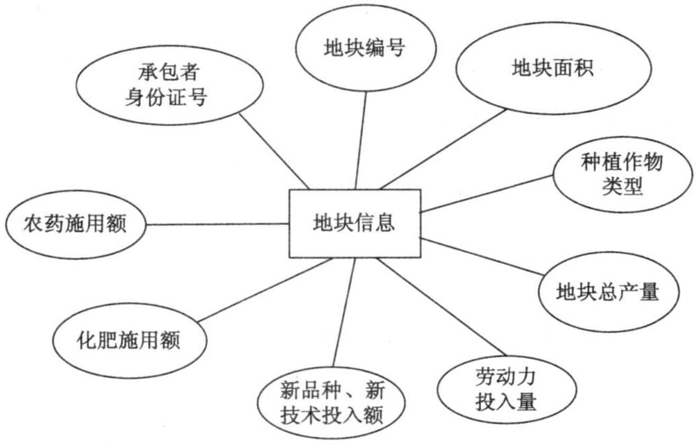

图 4-11　地块信息 E—R 模型

地块信息表结构见表 4-7 所示。

表 4-7　　　　地块信息表结构

字段名称	字段类型	字段长度	小数长度
地块编号	Char	8	0
地块面积	Float	4	2
作物种植类型(zwzzlx)	Char	8	0
地块总产量(dkzcl)	Float	4	2
劳动力投入量(ldltrl)	Float	4	2
新品种与新技术投入额(xpzxjstre)	Float	4	2
化肥施用额(hfsye)	Float	4	2
农药施用额(nysye)	Float	4	2
承包者身份证(cbzsfz)	Char	18	0

(2) 承包合同表

承包合同表包括合同编号、承包起始日期、承包结束日期、发包方全称、承包地块总数、承包地块面积、承包人身份证号。承包合同 E—R 模型见图 4-12 所示。合同编号设为主键,作为合同表的唯一标识。承包人身份证号可以与地块信息表、农户信息表等建立连接关系。此外,由于农村土地承包合同日期存在填写不规范的情况,虽然是年月日的格式,但有的只有年,有的有年月,为兼容这些格式,将其设为 char 类型。

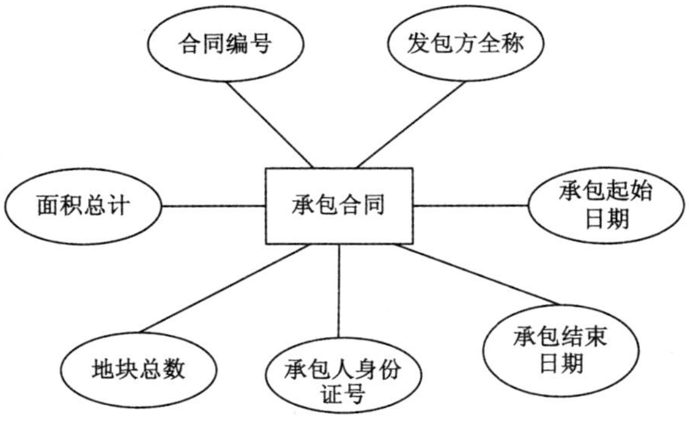

图 4-12　承包合同 E—R 模型

承包合同表结构见表 4-8 所示。

表 4-8　　承包合同表结构

字段名称	字段类型	字段长度	小数长度
合同编号	Char	8	0
发包方全称	Char	60	0
承包起始日期	Char	20	0
承包结束日期	Char	20	0
地块总数	Int	4	0
面积总计	Float	4	2
承包人身份证号	Char	18	0

(3) 农户信息表

农户信息表包括承包人身份证号、农户年总收入、农户年农业总收入、农户每年在每亩地耕种投入时间、农户是否支持农地流转等。农户信息 E—R 模型见图 4-13 所示。

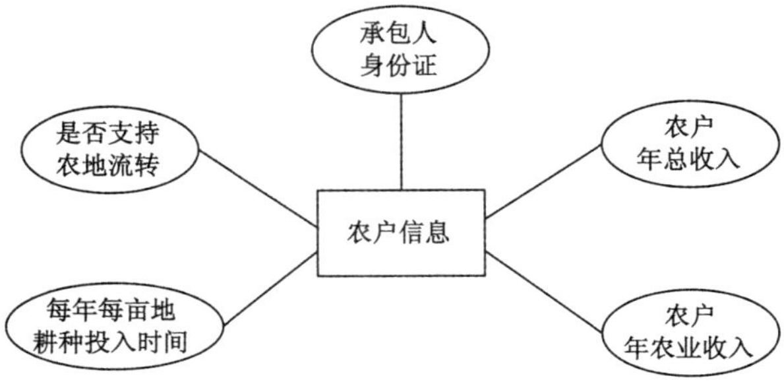

图 4-13　农户信息 E-R 模型

农户信息表结构见表 4-9 所示。

表 4-9　农户信息表结构

字段名称	字段类型	字段长度	小数长度
承包人身份证号	Char	18	0
农户年总收入	Float	4	2
农户年农业总收入	Char	10	2
农户每年在每亩地耕种投入时间	Char	20	0
是否支持农地流转	Char	15	0

(4) 农地流转信息表

农地流转表包括地块编号、流转方式、流转价格、流转用途、流转起始日期、流转中止日期、流转受让人名称、流转受让人身份证号等。农地流转信息 E—R 模型见图 4-14 所示。

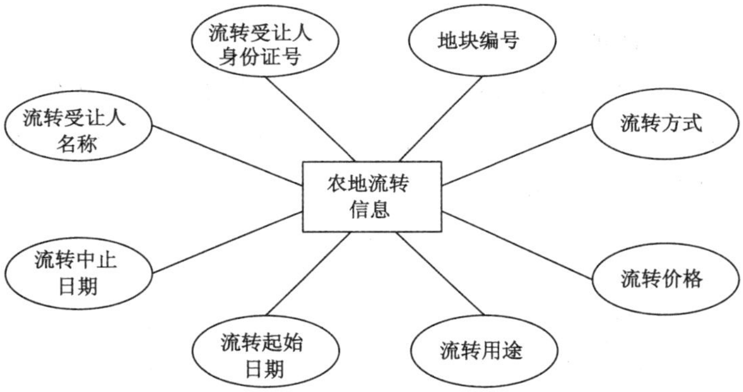

图 4-14　农地流转信息 E—R 模型

农地流转信息表结构见表 4-10 所示。

表 4-10　农地流转信息表结构

字段名称	字段类型	字段长度	小数长度
地块编号	Char	8	0
流转方式	Char	15	0
流转价格	Char	15	0

续表 4-10

字段名称	字段类型	字段长度	小数长度
流转用途	Char	20	0
流转起始日期	Date	0	0
流转终止日期	Date	0	0
流转受让人名称	Char	15	0
流转受让人身份证号	Char	18	0

（5）供应信息表

供应表包括供应号、地块编号、坐落地址、四至、流转地块数、供应面积、水源条件、交通状况、适宜用途、流转价格、流转方式、流转年限、联系人和联系电话等字段，其中供应号作为主键。供应信息 E—R 模型见图 4-15所示。

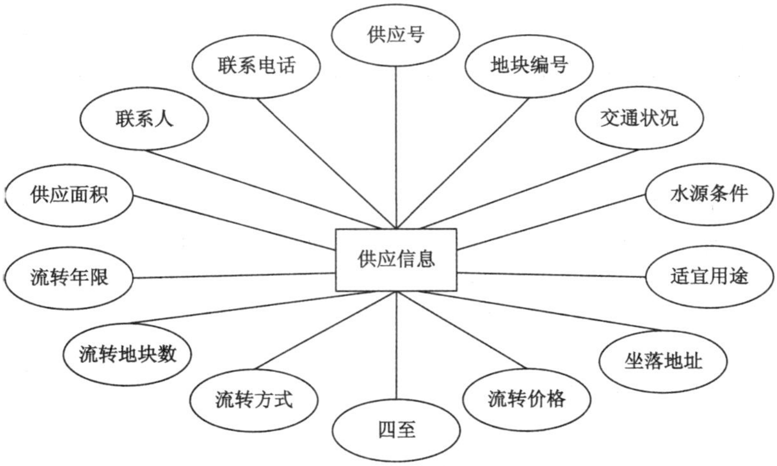

图 4-15　供应信息 E—R 模型

供应信息表结构见表 4-11 所示。

表 4-11　　　　供应信息表结构

字段名称	字段类型	字段长度	小数长度
供应号	Int	4	0
地块编号	Char	8	0
交通状况	Char	50	0
水源条件	Char	50	0
适宜用途	Char	40	0
坐落地址	Char	40	0
流转价格	Char	40	0
四至	Char	40	0
流转方式	Char	10	0
流转地块数	Int	4	0
流转年限	Int	4	0
供应面积	Float	4	2
联系人	Char	22	0
联系电话	Char	30	0

（6）需求信息表

需求信息表包括需求号、土地用途、年限、面积、需求人、联系电话，其中需求号作为主键。需求信息 E—R 模型见图 4-16 所示。

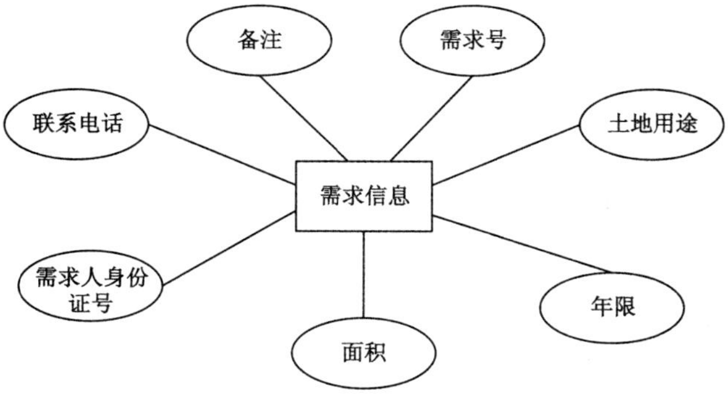

图 4-16　需求信息 E—R 模型

需求信息表结构见表 4-12 所示。

表 4-12　　需求信息表结构

字段名称	字段类型	字段长度	小数长度
需求号	Int	4	0
土地用途	Char	40	0
年限	Int	4	0
面积	Float	4	2
需求人身份证号	Char	22	0
联系电话	Char	30	0
备注	Char	50	0

（7）市场信息表

市场信息表包括小麦当年度价格、水稻当年度价格、玉米当年度价格等。市场信息 E—R 模型见图 4-17 所示。

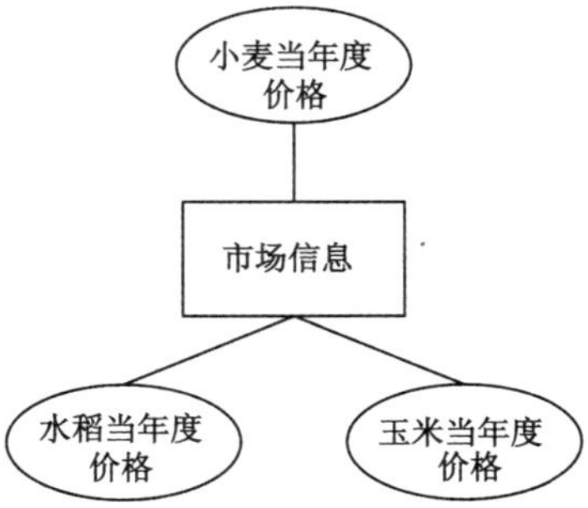

图 4-17　市场信息 E—R 模型

市场信息表结构见表 4-13 所示。

表 4-13　　市场信息表结构

字段名称	字段类型	字段长度	小数长度
小麦当年度价格	Float	4	2
玉米当年度价格	Float	4	2
水稻当年度价格	Float	4	2

(8) 用户登录表

用户登录表包括用户名、密码、权限三字段,其中用户名设为主键。用户登录信息 E—R 模型见图 4-18 所示。用户登录表结构见表 4-14 所示。

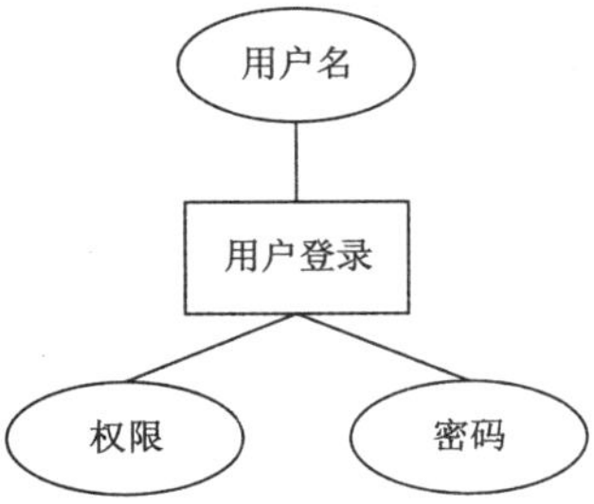

图 4-18 用户登录 E—R 模型

表 4-14 **用户登录表结构**

字段名称	字段类型	字段长度	小数长度
用户名	Char	10	0
密码	Char	10	0
权限	Char	10	0

4.4.3 数据库管理系统设计

数据库管理系统的数据模型为对象—关系数据库管理系统。该系统除了能对各种数据文件编辑、检索、修改外,还支持模型与知识的运算、分析等。

4.5 农地流转绩效评价模型库管理系统设计

4.5.1 模型及模型库的概念

模型分为空间模型、应用模型两大类。空间模型是对系统中各种属性数据进行运算，应用模型通常是根据研究对象的不同由用户自己开发，多具有可行性、空间性、多元性和智能性等特点。

模型法则是在客观世界和科学理论之间架起的桥梁，它是帮助人们了解和探索客观世界最便捷、最有效的方法。模型库是提供模型存储和表示模式的计算机系统，在模型库中可以对模型进行提取、访问、更新和合成等操作。模型的作用主要表现在：① 模型的建立取决于专业研究的深度，由于它是以专业研究为基础的。② 模型对系统中不同存储形式和不同来源的数据进行分析、处理和应用，可以综合利用大量数据。③ 模型是对实际问题所依赖的规律或过程的抽象或模拟，是系统解决问题的有力手段。

4.5.2　农地流转绩效评价模型

农地流转综合绩效是指农地流转后对农村社会经济、生态环境及农户生活的综合影响。农地流转综合绩效评价可能用到的模型有特尔斐法、图形叠置法、模糊综合评判法、层次分析法、加权指数和法等。农地流转数据库基础图件的处理常采用叠置法。

叠置法通常借助计算机进行分析，指将同一研究区域、同一比例尺的多种图件进行叠加建立新的图层，该层的属性可能是复杂的函数运算结果，也可能是简单的逻辑合并，其结果以图形格式进行输出或存储。

由于目前国内对农地流转绩效评定缺乏统一标准，本研究采用德尔菲法确定农地流转绩效评价各指标等级的划分标准，此外，前期农地流转绩效综合评价指标的选取也是采用这种方法。该方法用匿名方式征询本领域及相关领域专家意见，经过多个回合的反馈，得出比较一致的意见。

模糊数学是建立在模糊集合基础上的，模糊集合可以用隶属函数表示：$\mu_{A(u)} \in [0,1]$。A 为模糊集，$\mu_{A(u)}$ 为在〔0，1〕区间上的一个数，称为 u 对 A 的隶属度，也就是隶属函数。只要反映模糊概念的隶属函数正确，即便使用不同的隶属函数得到的结论也是一致的。隶属函数模型有升半梯形分布形式[式(4-1)]和降半梯形分布形式[式(4-2)]。

$$\mu_{2A(X)} = \begin{cases} 1, & x > a \\ \dfrac{x-b}{a-b}, & b < x \leqslant a \\ \dfrac{x-c}{b-c}, & c < x \leqslant b \\ 0, & x \leqslant c \end{cases} \tag{4-1}$$

$$\mu_{1A(X)} = \begin{cases} 1, & x > a \\ \dfrac{a-x}{a-b}, & b < x \leqslant a \\ \dfrac{b-x}{b-c}, & c < x \leqslant b \\ 0, & x \leqslant c \end{cases} \tag{4-2}$$

依据农地流转综合绩效评价指标等级划分标准，确定隶属度函数，然后将经过数据处理的评价指标值带入相应的隶属度函数，分别求得农地流转综合绩效评价隶属度函数矩阵、经济绩效评价隶属度函数矩阵、社会绩效评价隶属度函数矩阵和生态绩效评价隶属度函数矩阵。

评价指标权重作为本评价的模糊子集，指标权重的确定是农地流转绩效评价的重点。本研究采用层次分析法求得各指标的权重，层次分析法的原理及计算步骤在前文中已经叙述，不再重复。农地流转综合绩效评价指标的权重向量分别构成农地流转综合绩效评价模糊子集、经济绩效评价模糊子集、社会绩效评价模糊子集、生态绩效评价模糊子集。然后计算模糊综合评价结果，分别求得农地流转经济绩效、农地流转社会绩效、农地流转生态绩效及农地流转综合绩效。

4.5.3 模型库管理系统

模型库管理系统的水平决定着模型应用效能的发挥。以模型库为基础建立起来管理系统可以对模型进行分类、修改、维护、连接和使用。

4.6　农地流转绩效评价知识库管理系统设计

4.6.1　知识与知识库的概念

知识主要指以各种不同方式关联在一起的多个信息结构，可简单表述为多个信息之间的关联，也就是人们所说的事实、规则、规律。知识是知识库处理的特殊对象，具有真实性、相对性、不完全性、模糊性和可表示性的特点。通过演绎推理、归纳推理、联想与类比、综合分析、预测、假设与验证等方式对知识进行推理，并组成知识库。知识库是系统的知识存储器，主要任务就是存储大量的规划、专家经验、有关知识和因果关系等的知识。因而，要建立成熟完善的农地流转绩效评价系统，需要土地、农业、环保、农经等方面的专家多次交换意见，使知识库能够正确反映专家意见。

知识的获取和解释是知识库建立的基础。常用的知识获取方式有人工移植、机器学习和机器感知三种形式，获取的知识通过适当的表示才能加以应用。演绎推理和归纳推理是推理过程常用的基本方法。农地流转绩效评价的知识大多是松散杂乱的，适合采用产生式规则组织知识库。

鉴于目前国内对农地流转绩效评定缺乏统一的标准，本研究邀请土地、农业、生态等相关部门专家对各指标的等级进行赋值，经过多轮反馈后，得到相对一致的评价指标模糊分布等级，具体见表 4-15。

表 4-15　　评价指标规则知识

指标层	优	良	中	差
单位土地劳动力投入指数 C_1	>0.91	(0.77,0.91]	(0.63,0.77]	≤0.63
农民人均纯收入变化指数 C_2	>3.18	(1.18,3.18]	(0,1.18]	≤0
农业收入占总收入变化指数 C_3	>0.9	(0.74,0.9]	(0.57,0.74]	≤0.57
单位土地产出率变化指数 C_4	>1.78	(1.48,1.78]	(1.17,1.48]	≤1.17
单位土地机械化投入变化指数 C_5	>0.76	(0.38,0.76]	(0,0.38]	≤0
农民对农地流转满意度 C_6	>0.9	(0.8,0.9]	(0.6,0.8]	≤0.6

续表 4-15

指标层	优	良	中	差
农民有效就业时间变化指数 C_7	>0.63	(0.26,0.63]	(−0.11,0.26]	≤−0.11
单位土地化肥施用额变化指数 C_8	>0.53	(−0.03,0.53]	(−0.58,−0.03]	≤−0.58
单位土地农药施用额变化指数 C_9	>−0.2	(−0.56,−0.2]	(−11,−0.56]	≤−11

在信息系统中,通常推理的逻辑判断和条件被表达为 IF－THEN 规则。在本研究中,评价规则知识均采用 IF－THEN 规则来表示。如表 4-15中所示的单位土地劳动力投入指数 C_1 大于 0.91 时评价为优,即可表示为:IF C1>0.91 THEN EXCELLENT。

4.6.2 农地流转绩效评价知识库逻辑结构设计

农地流转绩效评价的过程是利用专业知识分析农地流转对经济、社会、生态的影响的过程。通过实地调研、查阅文献等措施获取农地流转绩效评价知识。农地流转绩效评价知识库包括静态知识库和规则库,其结构框架见图 4-19 所示。

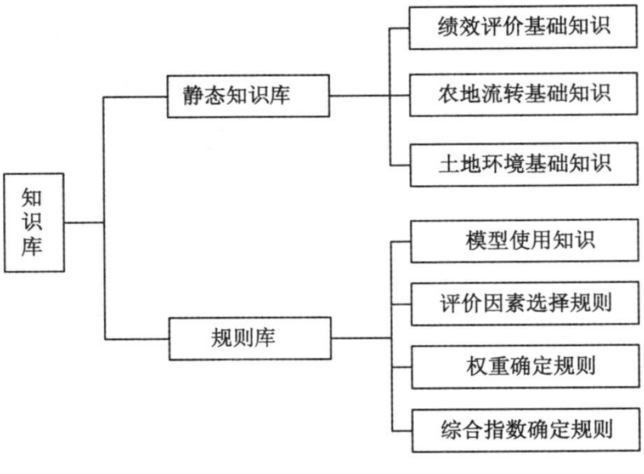

图 4-19 农地流转绩效评价知识库结构

4.6.3　知识库管理系统

知识库的管理和维护由知识库管理系统完成，其主要功能是在决策过程中，能够依据专家经验，进而得到可信度较高的结果。

4.7　人机对话界面设计

人机对话界面是决策系统与外界进行信息交流的桥梁。无论是空间决策系统的使用人员，还是系统维护人员，都需要有一个方便的软件工作环境。人机对话系统的设计水平标志着该系统的水平。目前常用的对话方式有问答式对话、命令语言式对话、菜单式对话、输入/输出表格式对话、按输出内容输入式对话等方式。在应用程序中，提示用户提供应用程序继续运行所需的数据或是向用户显示信息都需要对话框。农地流转绩效评价决策支持系统可以用标准窗体或自定义已存在的对话框创建自定义对话框。

第5章　农地流转绩效评价决策支持系统开发与应用

5.1　系统设计原则

农地流转绩效评价决策支持系统设计时应遵循的基本原则为：

（1）科学性原则

在进行系统整体设计时应考虑系统的科学合理性。对于相关数据资料其来源要准确可靠，地理坐标系统要科学合理，达到对农地利用状况的准确描述。

（2）实用性原则

系统需提供图形和属性信息的显示、查询、编辑、统计等功能，并针对农地流转绩效评价的要求，提供多种评价知识模型，并进行模型选择。系统设计不仅要满足主要用户的需求，还要兼顾其他潜在用户的需求。

（3）开放性原则

设计开发的系统要能够处理不同格式的数据，实现对多种图形数据格式的输入、输出的标准化与多样化。

（4）可靠性与稳定性原则

农地流转绩效评价决策支持系统在软硬件选型及配置上要选择稳定性强的平台，同时使用成熟的开发工具，既提高系统使用的可靠性，也便于日后对系统的维护。

（5）可操作性原则

考虑到行业工作人员的实际需要，系统的设计简单易懂，可操作性强。

5.2　系统需求分析

系统需求分析是系统设计与开发中最重要的一个环节。通过需求分析，把系统的功能和性能表述为具体的系统需求规格说明，为系统开发奠定基础。

5.2.1　业务需求分析

农地流转指的是农用地使用权流转，指拥有农用地承包经营权的农户将农用地的使用权转让给其他农户或经济组织，即保留承包权，转让使用权。由于目前农地流转管理仍处于纸质人工管理阶段，且纸质材料不易保留，数据分散。目前虽然有电子版的地图数据，但却没有进行建库存储，不适宜农地流转市场对地籍管理的要求，同时也不能及时对农地流转后的用途及绩效进行监管。

农地流转绩效评价决策支持系统涉及的用户有县、乡级农业部门或国土部门以及村组等基层单位。根据用户业务需求，确定系统的设计目标为：① 能够利用数据库实现用户对土地承包经营权权属证书、土地承包经营权流转合同的管理与信息存储；② 能够直接服务于农地资源管理，存储农地资源的相关属性数据；③ 实现对农地流转绩效评价管理；④ 能够进行存储、查询、更新、制图和统计等功能。

农地流转管理系统主要业务见图 5-1 所示。

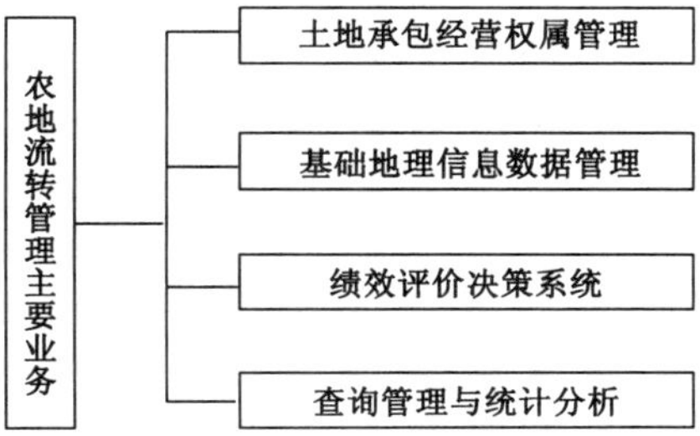

图 5-1　农地流转管理主要业务

5.2.2 功能需求分析

农地流转绩效评价决策支持系统中用户最基本的需求是通过获取农地流转相关信息，得到农地流转后的绩效情况，为进一步规范农地流转提供辅助决策信息。相应的系统的功能需求有以下几方面：

（1）建立农地流转数据库

该数据库能对农地流转的基本信息进行及时更新管理。土地信息包括土地位置、面积等空间数据以及农药、化肥的施用情况等属性数据以及文档数据的输入与管理。

（2）具备获取农地流转相关信息功能

如能快速获取流转地块的流转方式、价格、用途、期限、起止日期、受让人以及欲转出和意转入地块的基本信息等。

（3）具备对农地流转绩效进行综合评价的功能

系统能够对农地流转的经济绩效、社会绩效以及生态绩效进行评估。

（4）具备打印输出功能

能够对检索到的农地流转信息、绩效评价结果规范打印输出。

（5）具备信息的网络发布功能

能够通过网络发布农地流转绩效评价信息，能够提供基于标准的 Web 服务 API，以便和其他的电子政务等应用系统进行集成和整合。

5.2.3 性能需求分析

在对农地流转业务流程和用户需求进行详细分析基础上，系统在性能方面应该做到：① 用户交互反应迅速，界面友好，操作简单；② 对农地流转空间数据库的输入、更新、删除和简单查询等操作应在数秒钟内给出响应；③ 对于农地流转的社会、经济和生态等方面的绩效评价操作，尽管需要复杂的运算处理，但也应该在数十秒到数分钟内完成评价操作；④ 随着时间的推移，面对不断增加的数据量，系统必须能稳定运行并保持有较高的运行效率，同时系统应有很好的容错纠错能力；⑤ 所提供的 Web 服务接口的响应时间不应超过3～5 s,否则会使得集成到电子政务系统时反应迟缓,影响系统正常的使用运行。

5.3　系统开发方式

正确合理地选择系统的开发方式和开发策略对于开发能否成功起着至关重要的作用,尤其是正确合理地选择开发方式可以极大地减少开发的工作量和开发难度。综合地考虑系统功能、性能需求、可能的开发工作量和开发难度等诸多因素,在本研究中,农地流转绩效评价决策支持系统采取了以下的开发方式和开发策略。

5.3.1　以现有地理信息系统软件为基础开发平台

农地流转绩效评价决策支持系统需要处理大量的地理空间信息,绩效评价和决策支持结果也需要以地图的方式来呈现,因此采用地理信息系统软件为基础开发平台是一个正确合理的选择。

基于地理信息系统的应用系统开发主要有三种实现方式,分别是独立开发、单纯二次开发和集成二次开发。

独立开发指不依赖于任何GIS软件,从数据的采集、编辑、分析、输出等各个环节都由开发者独立设计,然后选取开发语言完成系统开发,整个过程由开发者独立完成。该开发模式难度大、周期长、投资大。单纯二次开发指借助于GIS软件,利用GIS软件提供的二次开发宏语言或脚本语言,针对不同应用对象进行系统开发。集成二次开发是指利用GIS软件控件,直接将GIS功能嵌入其中,程序方便维护、可靠性好。借助可视化开发工具以及GIS空间信息管理与分析处理功能,虽然提高了系统开发效率,但与单纯二次开发一样仍然依赖相应的GIS平台,开发周期依然相当长。

因此,本研究中采取以现有地理信息系统软件ArcGIS为基础开发平台,以单纯二次开发方式进行软件的开发。ArcGIS API(ArcGIS应用程序编程接口)包括了18种API,Android可构建用于Android设备的具有GIS

功能的专门应用程序;ArcObjects 通过使用.NET 或 Java 编写加载项或构建自定义组件自定义 ArcGIS for Desktop,使用.NET、Java 或跨平台C++可以创建独立的桌面应用程序,还可创建允许编辑复杂要素的应用程序等;JavaScript 可以实现 ArcGIS Online 的强大功能;Windows Phone 可以将交互式地图和任务集成到 Windows Phone 应用程序中;SQL 可以处理各级地理数据库中的数据;Python 可以构建和运行地理处理工具,以及编写加载项。

农地流转绩效评价决策支持系统是基于 ArcGIS 的具体应用,以 Python为开发语言来实现绩效评价功能模块和自定义的工具箱(Toolbox)。使用 ArcGIS API 可创建面向所选平台的本地 GIS 应用程序,使用 Python 脚本自动化工作流,构建用于交互式任务的加载项,同时还可针对附加的功能开发自定义组件,实现对地块及相关属性数据的查询、对农地流转绩效的评价及评价结果的可视化表达,达到对农地流转后状况的及时掌握,实现对农地流转及时监管。

5.3.2 以开放标准 WMS 和开源 Web 地图服务软件为平台开发 Web 地图服务的发布

当前互联网应用已经广为普及,互联网+也即互联网加上或者说集成到传统产业或应用已经成了一个新的发展趋势和方向。考虑为了方便地进行系统应用的推广,尤其是和其他的电子政务系统进行集成和整合,农地流转绩效评价的 Web 信息发布功能以开放标准 WMS(Web Map Service)和开源 Web 地图服务软件为平台进行开发。

5.4 系统总体设计

农地流转绩效评价决策支持系统(FCPESDSS)基于农地流转后对社会、经济、生态的影响状况的评价,以 ArcGIS 为基础的二次开发系统。系统结构如图 5-2 所示。该系统主要由数据库管理系统、模型库管理系统以及知识库管理系统组成，具有信息采集和处理、分析、评价等功能。数据库是整个系统的核心与基础，主要存放农地流转所涉及的空间数据与属性数据。模型库存放农地流转绩效评价所用到的方法，供用户根据需要选取。知识库存放评价方法使用的规范。用户与系统的交互则通过人机界面实现。

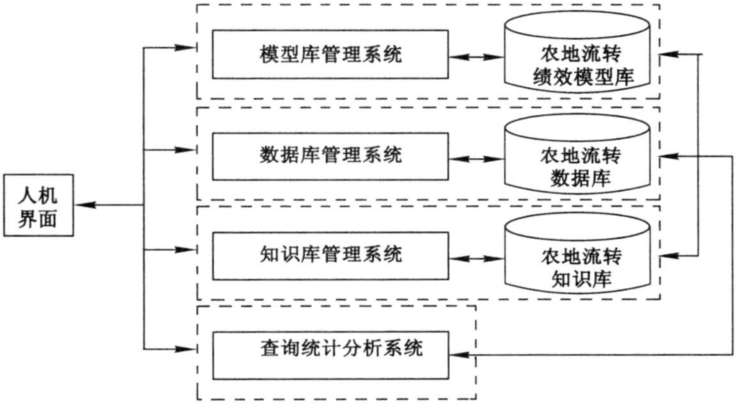

图 5-2　农地流转绩效评价空间决策支持系统结构图

由于农地流转绩效评价决策支持系统主要面向基层工作人员，应尽可能使系统做到用户操作简单、方便。系统的设计要在充分了解用户各种需求的前提下进行。农地流转绩效评价决策支持系统的用户有粮食种植大户、农业部门人员、基层政府人员，因而语言系统的规范化是十分必要的，本研究采用人机对话模式实现用户与系统的交流。本系统主要包括农地流转相关信息空间数据库、提供农地流转绩效评价决策功能的模型和具有人工智能的知识库。根据本次研究的实际，设计并提出以下农地流转绩效决策系统总体框架，如图 5-3 所示。

5.5　系统软硬件环境

农地流转绩效评价决策支持系统是在 ArcGIS 地理信息系统软件基础

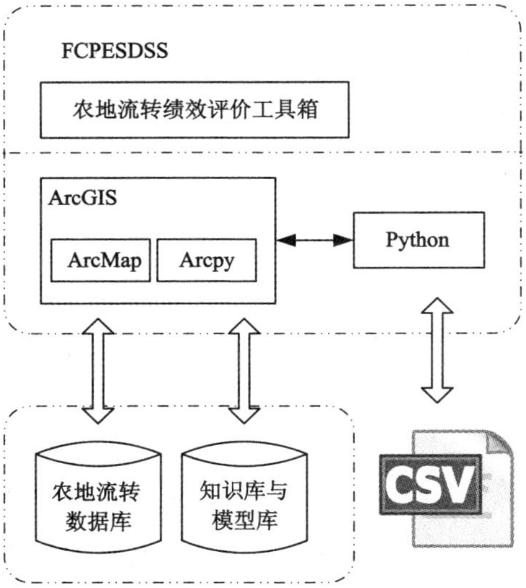

图 5-3 系统总体框架图

平台上，使用 Python 程序设计语言和 ArcGIS 的 Arcpy 模块开发的应用系统。Python 是一种面向对象、解释型计算机程序设计语言，具有丰富和强大的库，语法简洁清晰，目前已经成为最受欢迎的程序设计语言之一，2011 年被 TIOBE 编程语言排行榜评为 2010 年度语言。Python 自身是一个开源和免费的软件，经常被当作“胶水语言”集成进很多软件系统中。从 ArcGIS 9.0 版开始，Python 已经被集成进了 ArcGIS 本身，成为在 ArcGIS 平台上进行扩展开发的最佳选择之一。因而，基于 ArcGIS 提供的 Python 组件来进行开发时，系统实现需要相应的软硬件环境。由于系统的运行环境对系统的功能和效率影响较大，农地流转绩效评价决策支持系统的运行需要以下运行环境：

系统硬件：最好选择图形工作站或中高档性能的微机，要求应具有4 G 以上的内存，1 TB 以上的存储能力和高性能图形适配器。Web 地图服务器可采用普通 PC 服务器或电子政务云服务器。

系统软件：可以安装运行 ArcGIS10 的操作系统，如 Windows 7 以上的版本，ArcGIS 10.0 以上版本，Python2.7 版本。Web 地图服务需要最新版的 Apache httpd Web 服务器和 MapServer 开源 Web 地图服务器。

5.6 系统开发技术路线

如前所述，基于 GIS 系统的开发模型主要分为三种：一是独立开发，二是宿主型二次开发，三是基于 GIS 组件的二次开发。综合比较三种开发模式，农地流转绩效评价决策支持系统采用基于现有地理信息系统软件 ArcGIS 为基础开发平台，以 Python 为开发编程语言，以单纯二次开发为方式进行开发。

5.7 系统功能实现

5.7.1 绩效信息数据库的构建

在 ArcGIS 技术支撑下，建立了包括荥阳市农地基础信息、农地流转供需信息、农地流转绩效信息的综合数据库，数据库的实现结构如图 5-4 所示。

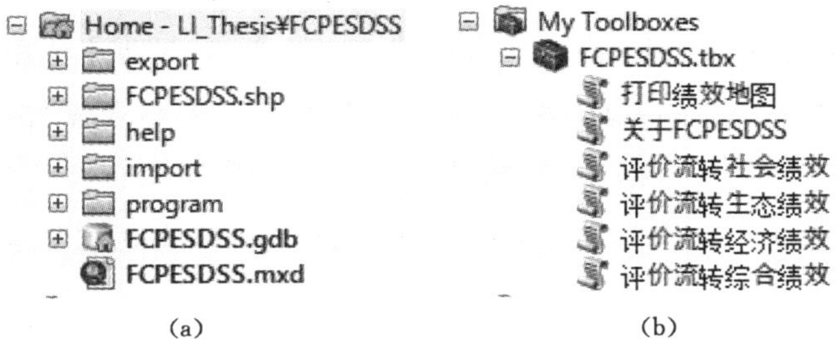

图 5-4 地理空间数据库和绩效评价工具箱的实现

(a) 地理空间数据库；(b) 农地流转绩效评价工具箱

5.7.2 农地流转信息查询

农地流转信息查询主要包括点位查询、逻辑条件查询和地名查询 3 种查询方式。点位查询即利用交互方式通过点选或拉框选择指定位置，查询相应地理位置的农地基础地力信息、农地承包信息以及农地流转信息等。地名信息查询可以实现快速定位行政村，获取该地区的农地承包状况以及农地流转信息。逻辑条件查询指根据用户给定的一个或多个条件，查询符合条件的属性信息，并在地图上标注出符合条件的区域位置。如查找农地流转供应信息或农地流转需求信息等。

5.7.3 农地流转绩效评价

以数据库为信息源，根据系统默认或用户设定的农地流转绩效评价指标体系，经过 GIS 分析处理和农地流转绩效评价知识模型决策支持，可以对特定区域的农地流转绩效进行评价，为农地流转后的监管提供决策依据。当用户需要了解某一区域的农地流转绩效时，系统能够根据用户前期输入的农地流转相关信息，依据用户选择的评价模型计算该区域农地流转的综合绩效。

在本书的第 2 章中详细地介绍和讨论了常用的农地流转绩效综合评价模型，并深入地比较分析了这些模型特点。在综合考虑各种模型的优缺点和适用范围的基础上，在第 3 章的 3.6.4 和 3.6.5 两小节中，详细描述了基于层次分析法的绩效评价实证分析和基于模糊综合评价法的绩效评价实证分析。本研究在层次分析法基础上采用模糊综合评价法评价农地流转绩效，绩效评价的工作机制和算法思想可形式化地概括为以下的公式：

$$\boldsymbol{U} = (u_1 \quad u_2 \quad \cdots \quad u_n) \tag{5-1}$$

$$\boldsymbol{V} = (v_1 \quad v_2 \quad \cdots \quad v_m) \tag{5-2}$$

$$\boldsymbol{A} = (a_1 \quad a_2 \quad \cdots \quad a_n) \tag{5-3}$$

$$R = \begin{bmatrix} R_1 \\ R_2 \\ \vdots \\ R_n \end{bmatrix} = \begin{bmatrix} r_{11} & r_{12} & \cdots & r_{1n} \\ r_{21} & r_{22} & \cdots & r_{2n} \\ \vdots & \vdots & & \vdots \\ r_{n1} & r_{n2} & \cdots & r_{nn} \end{bmatrix} \tag{5-4}$$

$$B = A \times R \tag{5-5}$$

其中，U 为评价因素集合；V 为等级标准；B 为评判结果向量；A 为评判因素权重向量；R 为隶属度矩阵。

以下为绩效评价的算法描述。算法描述语言采用了通用的伪代码语言，但为了更容易表达和理解，直接使用了中文术语来进行描述。

Begin

Input 农户数，农户调查数据

for i← 1 to 农户数 do

单位土地劳动力投入(人/亩)＝家庭耕作需要劳动力数量/家庭承包土地面积

农民人均纯收入(元)＝农地纯收入/家庭人口数

农业收入占总收入比值＝农业纯收入/年总收入

单位农地劳动投入率变化指数 C_1＝单位农地劳动投入量减少量/流转前的单位农地劳动投入量

农民人均纯收入变化指数 C_2＝农民人均纯收入增加量/流转前农民人均纯收入

农民农业收入占总收入比值变化指数 C_3＝农业收入占总收入比值的减少值/流转前农业收入占总收入比值

农地单产变化指数 C_4＝农地单产增加量/流转前农地单产

单位农地科技投入额变化指数 C_5＝单位农地科技投入额增加量/流转前单位农地科技投入额

农地流转的满意度 C_6＝样本农民中支持农地流转的人数 /该样本流转总人数

农民有效就业时间指数 C_7＝流转后农民有效就业时间增加量/流转前农民有效就业时间

单位农地化肥施用额变化指数 C_8＝单位农地化肥施用量的减少额/流转前单位农地化肥施用量

单位农地农药使用量变化指数 C_9 = 单位农地农药使用量减少量/流转前的单位农地农药使用量

构造判断矩阵

层次单排序

一致性检验

Input 评价指标等级划分标准专家知识数据

计算经济绩效隶属度函数矩阵 $\boldsymbol{R}_1$

计算社会绩效隶属度函数矩阵 $\boldsymbol{R}_2$

计算生态绩效隶属度函数矩阵 $\boldsymbol{R}_3$

计算经济绩效评价结果 $\boldsymbol{B}_1 = \boldsymbol{A}_1 \times \boldsymbol{R}_1$

计算社会绩效评价结果 $\boldsymbol{B}_2 = \boldsymbol{A}_2 \times \boldsymbol{R}_2$

计算生态绩效评价结果 $\boldsymbol{B}_1 = \boldsymbol{A}_3 \times \boldsymbol{R}_3$

End

结合目前农地流转，根据对农地流转决策支持系统的需求分析，在研究区的农地流转绩效评价地理空间数据库的基础上，系统开发并实现了以下功能(图 5-5)：

```
└─FCPESDSS                系统根目录
    ├─FCPESDSS.mxd        ArcMap地图文档
    ├─FCPESDSS.gdb        农地流转绩效评价文件地理数据库
    ├─FCPESDSS.shp        农地流转绩效评价shape文件数据源
    ├─help                系统帮助文件
    ├──export             存储输出的PDF绩效评价地图
    ├─import              导入外部的调查问卷和统计数据
    │  └─TestDataSet            系统测试数据
    └─program             工具箱Python程序
```

图 5-5　系统目录结构示意图

农地流转绩效评价地理空间数据库的创建、更新与维护；

农地流转社会绩效评价；

农地流转经济绩效评价；

农地流转生态绩效评价；

农地流转综合绩效评价；

农地流转绩效评价地图的打印。

以下为 FCPESDSS 中“评价流转经济绩效”工具箱的部分主要代码。

```
#! /usr/bin/env python
# -*- coding:utf-8 -*-

'''------------------------------------------------------------
FCPESDSS
Farmland Circulation Performance Evaluation Spatial Decision Support System

Tool name:EvaluateEconomicPerformance 评价流转经济绩效
Function:
Evaluate economic performance

Required Python version: 2.7.3
Required ArcGIS version: 10.2
Author: LI Yingchao
Last update: 20160624

------------------------------------------------------------'''

import arcpy
from arcpy import env
import os
from datetime import datetime
import csv
import numpy as np

base_path = r"D:\Project\LI_Land_Thesis"
```

```
env.workspace = base_path + r"\FCPESDSS.gdb"

msg = "Farmland Circulation Performance Evaluation"
msg = msg + " Spatial Decision Support System, Version 1.0"
arcpy.AddMessage( msg )

msg = "Start evaluating farmland circulation performance"
msg = msg + "\nStart time: " + str( datetime.now() )
arcpy.AddMessage( msg )

###步骤名称:001.001—原始数据的基础处理
raw_data_rows = []
output_rows_001_001 = []

# read raw data
test_data_dir = base_path + r"\import\TestDataSet"
raw_data_file =open(test_data_dir + r"\000.000_utf8.csv")
for row in csv.reader(raw_data_file):
arcpy.AddMessage( str(row[0]) )
    raw_data_rows.append( row )
raw_data_file.close()

row_NHBH = ["NHBH"]  #农户编号
row_NMRJSR = ["NMRJSR"]  #农民人均纯收入(元)
row_DWTDLDLTR = ["DWTDLDLTR"]  #单位土地劳动力投入(人/亩)
row_NYCSRZZSRBZ = ["NYCSRZZSRBZ"]  #农业纯收入占总收入比值
row_DWTDCCL = ["NYCSRZZSRBZ"]  #单位土地产出率变化指数 C4
row_DWNDJXHTRE = ["NYCSRZZSRBZ"]  #单位农地机械化投入额变化指
数 C5
for idx,item in enumerate(raw_data_rows[0]):
```

```
        #arcpy. AddMessage(item)
    if idx == 0:      # Skip the 1st column
    continue
        row_NHBH. append( item )
        row_NMRJSR. append( int(raw_data_rows[3][idx]) / int(raw_data_rows[3]
[idx]) )
        row_DWTDLDLTR. append( int(raw_data_rows[1][idx]) / float(raw_data_
rows[2][idx]) )
        row_NYCSRZZSRBZ. append( int(raw_data_rows[3][idx]) / int(raw_data_
rows[5][idx]) )

    output_rows_001_001. append( row_NHBH )
    output_rows_001_001. append( row_NMRJSR )
    output_rows_001_001. append( row_DWTDLDLTR )
    output_rows_001_001. append( row_NYCSRZZSRBZ )

    for row in output_rows_001_001:
    FCPESDSS. process ( str(row) )
    msg = "Finished Successfully!"
    msg = msg + "\nFinish time: " + str( datetime. now() )
    arcpy. AddMessage( msg )
```

农地流转经济绩效评价结果见图 5-6 所示。

5.7.4　结果输出

（1）评价结果

利用 GIS 的空间数据显示与输出功能，系统可将数据库中的农地流转供需信息以及农地流转后的绩效评价结果以文本格式打印或保存，结果输出示意图见图 5-7 所示。

（2）专题图打印

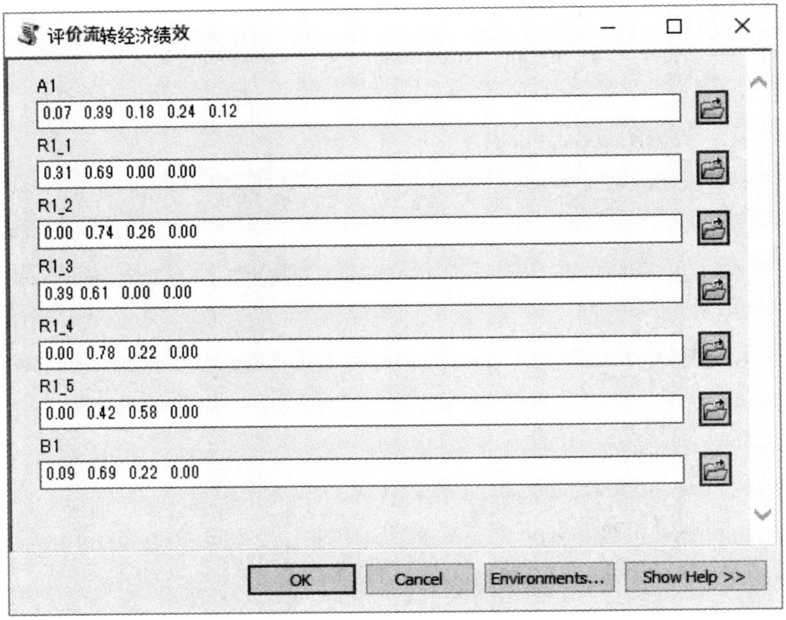

图 5-6 “评价流转经济绩效”工具的运行结果

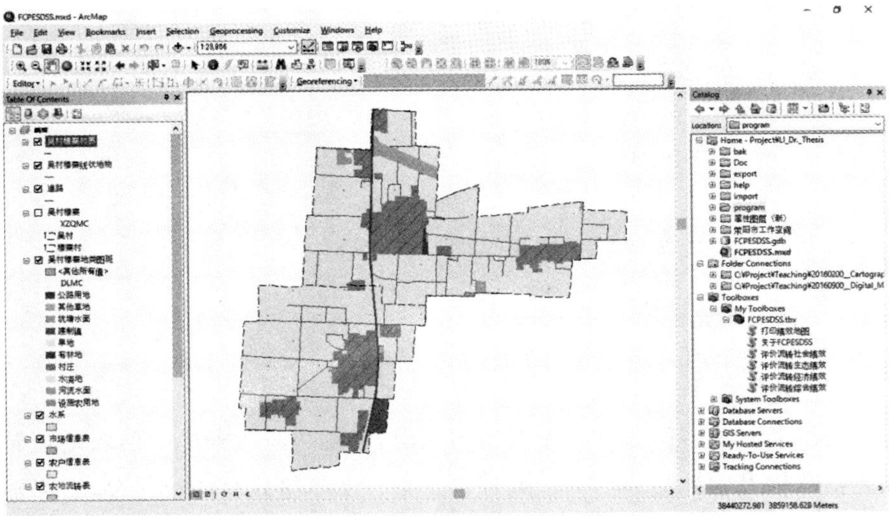

图 5-7 结果输出示意图

专题图的打印可以通过项目的"打印绩效地图"实现，如图 5-8 所示。

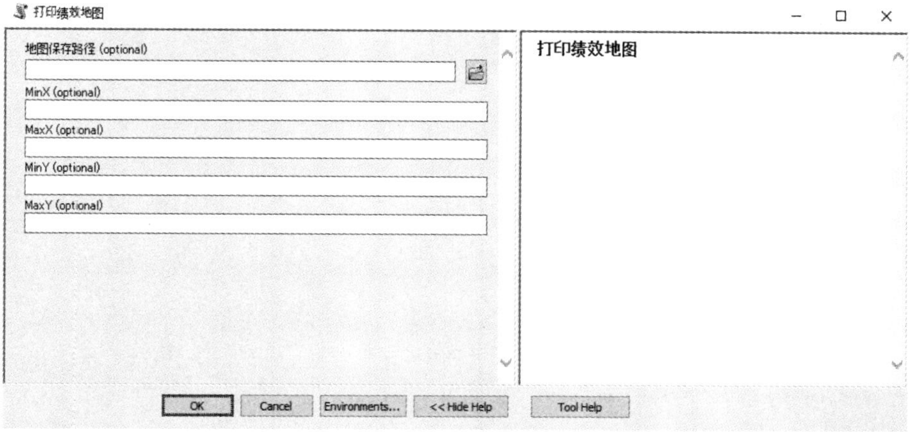

图 5-8　专题图打印示意图

以下为 FCPESDSS 中"打印绩效地图"的部分主要代码。

```
#! /usr/bin/env python
# -*- coding:utf-8 -*-

'''-----------------------------------------------------------------
FCPESDSS
Farmland Circulation Performance Evaluation Spatial Decision Support System

Tool name: PrintPerformanceMap 打印绩效地图
Function:
Print performance map to pdf

Required Python version: 2.7.3
Required ArcGIS version: 10.2
Author: LI Yingchao
Last update: 20160624
```

```
---------------------------------'''

import arcpy
from arcpy import env
import os
from datetime import datetime
import csv
import numpy as np

base_path = r"D:\Project\LI_Land_Thesis"
env.workspace = base_path + r"\FCPESDSS.gdb"

msg = "Farmland Circulation Performance Evaluation"
msg = msg + " Spatial Decision Support System + \n Version 1.0"
arcpy.AddMessage( msg )

msg = "Start evaluating farmland circulation performance"
msg = msg + "\nStart time: " + str( datetime.now() )
arcpy.AddMessage( msg )

### Output map in PDF format
mapdoc = arcpy.mapping.MapDocument( base_path + r"\FCPESDSS.mxd" )
filename = datetime.now().strftime("%Y%m%d__%H%M%S") + ".pdf"
output_map_path = base_path + "\\export\\" + filename
arcpy.mapping.ExportToPDF(mapdoc, output_map_path )
del mapdoc

msg = "Finished Successfully!"
msg = msg + "\nFinish time: " + str( datetime.now() )
arcpy.AddMessage( msg )
```

第 6 章　结论与展望

6.1　结论

本书在查阅大量国内外文献资料基础上，制定了较为详细的研究路线，对农地流转的内涵、评价及应用进行了系统研究。主要研究结论如下：

(1) 建立了农地流转相关主体行为博弈模型，分别围绕经济效益分别建立了农地流入方与农地流出方的租金博弈模型、基层组织与农地流转双方行为合法性博弈模型。博弈结果显示，流出方的经济收入构成会对其流转意愿产生影响；流入方对流转收益的预期直接影响其流转意愿；基层组织行为会很大程度影响农地流转秩序；农地流转商议成本的降低有利于农地流转发生率的提高。

(2) 构建了多维度农地流转绩效评价指标体系，并分别运用层次分析法和模糊综合评价法对调研区域进行实证分析。结果表明，模糊综合评价法的评价结果更贴近实际。该方法通过精准的数学方法对相对模糊的信息资料进行较为合理、贴近实际的量化评价，有效降低了个人主观因素对评价结果的影响。

(3) 设计并建立了农地流转绩效评价数据库。采用 E—R 模型建模法，建立了农地流转数据库概念模型；基于用户需求，设计了基于 GIS 的农地流转数据模型；通过数据转化、矢量化等方法建立农地流转数据库。

(4) 设计并开发了农地流转绩效评价决策支持系统。在需求分析的基础上，将农地流转绩效评价模型与 GIS 技术相耦合，开发了基于 GIS

的农地流转绩效评价决策支持系统，实现了抽象数据及绩效评价结果的可视化。

（5）研究成果对于及时了解农地流转状况，掌握农地流转后的绩效状况等信息提供了必要的技术支持，这为合理调控农地利用、优化配置具有实际指导意义。

6.2 展望

基于GIS技术的农地流转绩效评价决策支持系统有助于及时掌握农地流转后对农村经济社会的影响，有助于及时发现农地流转后出现的新情况、新问题。本书在研究过程中发现仍有不少问题还有待进一步深入研究，具体包括：

（1）农地流转绩效影响因素的深入分析。农地流转绩效的影响因素涉及方方面面，本书从经济、社会、生态三个维度选取了最重要的9个指标。但随着人们对生态环境的重视，农地流转后对景观生态的影响需要进一步做深入研究。

（2）农地流转综合绩效评价模型的深入研究。目前农地流转绩效评价常采用的方法是层次分析法。本书在层次分析法的基础上运用模糊综合评价法对农地流转综合绩效进行研究，今后对农地流转综合绩效的研究方法、评价模型还可以进一步深入研究。

（3）绩效评价决策系统的互联网开发应用。由于本系统采用了产业界和国际上广为接受的WMS等开放标准和开源软件，因此本系统可以通过建立WebGIS平台，为用户提供标准化、模块化的互联网应用接口，接收用户提供的空间数据，利用分布式计算，为客户提供即时、可视化的在线决策建议，进而为用户提供进一步的互联网服务。基于WMS标准的接口很容易和现行的电子政务系统进行整合和集成，因此本系统有着很大的推广应用前景。

参考文献

[1] 安守林.全要素地籍信息系统设计与实现[D].成都:电子科技大学,2012.

[2] 卞琦娟,周曙东,葛继红.发达地区农地流转影响因素分析——基于浙江省农户样本数据[J].农业技术经济,2010(6):28-36.

[3] 卜建明,程先华.基于MapObjects的上海市地理信息查询系统[J].计算机工程,2006,32(13):269-271.

[4] 曹丽君.中越农地流转问题比较研究[D].南宁:广西大学,2010.

[5] 曾福生,唐浩.农地流转模式的成因、绩效及发展趋势[J].农业经济与管理,2010(1):29-37.

[6] 常晋义,张渊智.空间决策支持系统及其应用[J].遥感技术与应用,1996,11(1):33-39.

[7] 常晋义.空间决策支持系统的结构及应用研究[J].大同高专学报,1996,10(1):88-93.

[8] 陈龙高,陈龙乾,景海涛,等.农地流转综合管理信息系统设计与开发[J].农机化研究,2008(8):78-80,83.

[9] 陈龙高,杨小艳,陈龙乾.基于GIS的农村土地流转问题研究[J].农机化研究,2006(12):60-62,65.

[10] 陈清明,马洪钧,谌思.农村产权交易市场发育现状及绩效评价——基于重庆市土地流转问卷调研[J].调研世界,2015(5):32-35.

[11] 陈水生.土地流转的政策绩效和影响因素分析——基于东中西部三地的比较研究[J].社会科学,2011(5):48-56.

[12] 陈伟强.基于GIS的烟草施肥决策支持系统研究[D].郑州:解放军信

息工程大学,2009.
[13] 陈文伟.决策支持系统极其开发[M].北京:清华大学出版社,2000.
[14] 陈雪龙,王延章,许永涛.空间决策支持系统的信息模型研究[J].计算机应用研究,2006,23(8):25-27.
[15] 陈颖.基于GIS的选址空间决策支持系统[J].中国水运(学术版),2010(4):120-121.
[16] 陈志刚,曲福田.农地产权制度变迁的绩效分析——对转型期中国农地制度多样化创新的解释[J].中国农村观察,2003(2):2-9.
[17] 成华.经济法视角下的农村土地经营权流转问题研究[J].安徽农学通报,2015,21(15):1-5.
[18] 程飞.不同农村土地流转模式绩效评价研究[D].重庆:西南大学,2014.
[19] 崔成美.产权代理视角下农村土地流转主要模式分析[J].北方经贸,2015(5):54.
[20] 党杨.马克思地租地价理论评述[J].现代商业,2010(6):54-55.
[21] 董飞.鞍山城区车辆养路费征收管理网络系统[D].沈阳:东北大学,2002.
[22] 杜丽洁.浅析区域化采购模式[J].信息通信,2014(8):244-245.
[23] 杜世培,朱令娴.基于关系数据库的地理数据库模型[J].贵州工业大学学报(自然科学版),2001(2):34-37.
[24] 方文.农村集体土地流转及规模经营的绩效评价[J].财贸经济,2011(1):130-135.
[25] 冯克鹏.宁夏水资源优化配置决策支持系统研究[D].银川:宁夏大学,2014.
[26] 冯应斌,杨庆媛,董世琳,等.基于农户收入的农村土地流转绩效分析[J].西南大学学报(自然科学版),2008,30(4):179-183.
[27] 高向军.土地整理理论与实践[M].北京:地质出版社,2003.
[28] 高宇.我国农村土地流转机制研究[J].科技情报开发与经济,2012

(6):130-132.

[29] 葛小三.河南省农村土地资源可持续利用支撑体系研究[D].焦作:河南理工大学,2004.

[30] 龚欣,李丽纯.长沙市农村土地承包经营权流转调研与思考[J].湖北农业科学,2012(15):3401-3405.

[31] 郭嘉,吕世辰.土地流转影响因素实证研究[J].经济问题,2010(6):68-70,74.

[32] 郭奎.边界信息系统地理空间数据处理技术[D].郑州:解放军信息工程大学,2006.

[33] 胡阔雷.基于GIS的九景高速公路绿化管理信息系统[D].南京:南京林业大学,2010.

[34] 胡月明,肖莉,江华,等.层次分析法在中山市土地利用对策研究中的应用[J].西北农林科技大学学报(自然科学版),2001,29(3):57-60.

[35] 黄祖辉,王朋.农村土地流转:现状、问题及对策——兼论土地流转对现代农业发展的影响[J].浙江大学学报(人文社会科学版),2008,38(2):38-47.

[36] 贾文涛,张中帆.德国土地整理借鉴[J].资源·产业,2005,7(2):77-79.

[37] 贾正长,郑丽波,王莹,等.基于GIS的生态城市建设空间决策支持系统[J].地理空间信息,2008,6(6):76-78.

[38] 江淑斌,苏群.经济发达地区农户土地流转影响因素分析——基于江苏684个农户调查样本的实证[J].生态经济,2014,30(5):18-21,181.

[39] 江毓.浅析土地流转和征地补偿等相关政策和法律规定[N].新农村商报,2013-05-22(B03).

[40] 姜明英,陈立双.辽宁省农用地流转绩效评价[J].农业经济,2012(7):104-105.

[41] 姜小三.江苏省土壤数据库与信息系统的构建研究[D].南京:南京农

业大学,2003.
[42] 蒋政.不顾耕地质量,只顾眼前利益,土地流转遭遇"掠夺式"经营[N].中国农资,2015-10-9(A3).
[43] 景彩娥.基于RS和GIS黑河流域生态系统健康评价研究[D].西安:陕西师范大学,2013.
[44] 菊地真琴.农地流转制度中日比较[D].福州:福建师范大学,2011.
[45] 雷兵,刘纪平,谭海,等.空间辅助决策支持系统的应用模型及管理研究[J].测绘科学,2005,30(1):55-56,75.
[46] 黎东升,刘小乐.我国农村土地流转创新机制研究——基于政府干预信息披露的博弈分析[J].农村经济,2016(2):34-38.
[47] 李彪,邵景安,苏维词.三峡库区农户土地流转的理论解析[J].资源科学,2013,35(1):216-224.
[48] 李聪,李庆.基于GIS的房地产空间决策支持系统的研究[J].计算机与数字工程,2011,39(4):83-86.
[49] 李德仁.对地观测与地理信息系统[J].地球科学进展,2001,16(5):689-703.
[50] 李桂凯.我国农村土地承包经营权流转制度研究[D].沈阳:沈阳师范大学,2015.
[51] 李容.土地流转信息系统的设计与实现[D].成都:电子科技大学,2010.
[52] 李容.土地流转信息系统的设计与实现[D].成都:电子科技大学,2010.
[53] 李同钧.支持遥感图像处理与分析的数据库系统应用与研究[D].合肥:中国科学技术大学,2005.
[54] 李永强.农村土地流承包经营权流转法律问题研究——以山东省德州市为例[D].山东:山东大学,2011.
[55] 李长春.综合省情GIS总体设计的理论研究与建设实践[D].成都:西南交通大学,2000.

[56] 李振东，万鲁河．基于空间信息处理技术的决策支持系统框架研究[J]．测绘与空间地理信息，2010，33(5)：139-143.

[57] 李峙，陈朝晖，邓兴礼，等．城市土地可持续利用评价 SDSS 的研究[J]．微计算机信息，2009，25(11-3)：6-8.

[58] 栗滢超．我国农村承包地流转中的新问题探讨[J]．湖北农业科学，2012，51(10)：2135-2139.

[59] 林奎，杨大勇，李适宇，等．基于 SDSS 的水环境决策系统技术研究[J]．中国环境监测，2009(6)：3-6.

[60] 刘莉君，岳意定，谭舒允．基于经济与社会两个维度的农村土地流转绩效评价指标体系构建[J]．湖南科技大学学报(社会科学版)，2010，13(6)：104-107.

[61] 刘莉君．农村土地流转模式的绩效比较研究[D]．长沙：中南大学，2010.

[62] 刘涛，曲福田，金晶，等．土地细碎化、土地流转对农户土地利用效率的影响[J]．资源科学，2015，35(8)：1511-1516.

[63] 刘天龙．新农村社区发展中农地流转法律保障体系研究[D]．武汉：华中农业大学，2011.

[64] 刘晓慧．基于预案的突发地质灾害智能应急决策支持模型研究[D]．武汉：中国地质大学，2014.

[65] 刘祖军，马龙波，张大红．油茶产业经营风险评价研究[J]．北京林业大学学报(社会科学版)，2010，9(4)：94-97.

[66] 娄银霞，程铭，文高进，等．基于 FCM 和遗传算法的图像模糊聚类分析[J]．计算机工程与应用，2010，46(35)：173-176，195.

[67] 吕安民，贺奕，李成名，等．1：1 万核心地形要素数据库逻辑数据模型设计[J]．测绘通报，2002(3)：37-39.

[68] 吕晓，黄贤金，钟太洋，等．中国农地细碎化问题研究进展[J]．资源与生态学报(英文版)，2013，4(4)：344-352.

[69] 马才学．土地信息系统[M]．北京：北京师范大学出版社，2008.

[70] 马雷,钱家忠,赵卫东,等.基于GIS的矿井水害防治辅助决策支持系统[J].煤田地质与勘探,2014(5):44-49.

[71] 毛飞,孔祥智.农地规模化流转的制约因素分析[J].农业技术经济,2012(4):54-64.

[72] 门明新.农用土地分等信息系统的研究与应用——以河北省蠡县为例[D].保定:河北农业大学,2001.

[73] 孟俊杰.北京郊区农地流转影响因素实证研究[J].中国农学通报,2010,26(10):396-399.

[74] 牟萍.重庆市农村土地流转的农户供求意愿研究[J].安徽农业科学,2010(34): 12812-12814.

[75] 齐锦辉.日本农地流转法律规制及其启示——以许可制为中心[D].山东:山东大学,2014.

[76] 祁艳.都市区农户农地流转行为及流转绩效评价研究——以重庆市沙坪坝区为例[D].重庆:西南大学,2011.

[77] 钱忠好,牟燕.土地市场化是否必然导致城乡居民收入差距扩大——基于中国23个省(自治区、直辖市)面板数据的检验[J].管理世界,2013(2):78-89.

[78] 钱忠好,牟燕.中国土地市场化改革:制度变迁及其特征分析[J].农业经济问题,2013(5):20-26.

[79] 尚勇敏.农村土地流转绩效及评价研究——以重庆市为例[D].重庆:西南大学,2012.

[80] 邵培霖,孙鹤.黑龙江省农村土地流转情况调查报告[J].调研世界,2015(6):29-32.

[81] 沈丽娜,高惠瑛,谭文波,等.土地流转系统数据库设计与实现[J].测绘科学,2011,36(3):195-196.

[82] 宋辉.农地流转中农户、村委会、政府行为研究——基于襄阳市农户的实证调查[D].武汉:华中农业大学,2013.

[83] 孙博雅.中文分词算法在GIS中的应用研究[D].长沙:中南大

学,2011.

[84] 孙迪,吴玲,齐帅.梁平县农户农地流转问题研究[J].福建农林大学学报(哲学社会科学版),2013(5):28-32.

[85] 孙在宏,陈惠明,乔伟峰.土地管理信息系统[M].北京:科学出版社,2005.

[86] 谈静波.我国城镇化进程中土地经营权流转问题研究[J].农村经济与科技,2014(12):13-15.

[87] 谈巧巧.劳动力转移对农地流转模式选择的影响——基于六安市农户调查样本的研究[D].南京:南京师范大学,2014.

[88] 覃开贤,胡宝清,谢黎黎,等.区域土地利用与优化调控决策支持系统[J].安徽农业科学,2011,39(29):11823-18236.

[89] 唐文金.农户土地流转意愿与行为研究[D].成都:西南财经大学,2008.

[90] 万治河.基于利益博弈视角下的农村土地流转问题研究[D].大连:东北财经大学,2014.

[91] 汪冰.整村推进土地流转:动因、绩效与前景——基于沙洋县官挡镇王坪村新农村建设的考察[J].荆楚理工学院学报,2011,26(10):62-65.

[92] 王斌,张晨光,董涛.基于 MapInfo 的全国物化探地理信息系统的研究与应用[J].中国矿业,2015(z1):449-453.

[93] 王慧青,尹少华.基于 DEA 模型的湖南农村土地流转经济效益分析[J].财经理论与实践,2013(34):107-110.

[94] 王建忠.我国社区矫正工作机构的研究[D].长沙:湖南大学,2013.

[95] 王杰,句芳.内蒙古农村牧区农牧户土地流转影响因素研究——基于11 个地区 1332 个农牧户的调查[J].干旱区资源与环境,2015,29(6):74-79.

[96] 王乐.杨凌“土地银行”运行绩效评价[D].杨凌:西北农林科技大学,2013.

[97] 王亚新.“四化同步”下的农村土地经营模式探索——基于广东湛江的实践[J]. 经济地理,2008,30(10):157-162.
[98] 王岩松.哈尔滨市农村剩余劳动力转移中制度影响因素的实证分析[J]. 活力,2011(2):43.
[99] 王颖,张晓蕾. GIS专业计算机图形学教学中应用WebQuest方法研究[J]. 教育教学论坛,2015(2):165-166.
[100] 王志海.崇明岛生态建设决策支持系统模型库设计与实施方案[D]. 上海:华东师范大学,2008.
[101] 吴晨.不同模式的农地流转效率比较分析[J]. 学术研究,2012(8):69-73,159.
[102] 吴吉文.浅谈中国农村建设指标体系的构建[J]. 农家参谋,2007(9):42-43.
[103] 武敬敏.浅谈农村土地承包经营权流转存在的问题和建议[J]. 农业开发与装备,2013(8):27-27,28.
[104] 武小松,李水良.城市道路交通标识可视化管理系统的开发[J]. 河南科技大学学报(自然科学版),2008(2):34-37.
[105] 夏敏,张佳宝,赵小敏,等.基于GIS的土地适宜性评价决策支持系统研究与应用[J]. 农业系统科学与综合研究,2006,22(4):256-259.
[106] 夏敏,赵小敏,张佳宝,等.基于GIS的土地适宜性评价决策支持系统——以南京市江宁区淳化镇为例[J]. 长江流域资源与环境,2006,15(3):325-329.
[107] 夏敏.农地适宜性评价空间决策支持系统研究[D]. 南京:南京农业大学,2007.
[108] 谢双明.加快户籍制度和农村土地制度改革促进新农村建设[J]. 社科纵横,2015(4):37-43.
[109] 徐雪情.我国农村土地流转信托制度研究[J]. 华人时刊(中旬刊),2015(8):38.

[110] 徐占军,张绍良,张建,等.农地流转影响因素:基于农户层面的实证研究——以江苏省为例[J].农村经济,2008(11):30-32.

[111] 许恒周,曲福田,郭忠兴.集体建设用地流转模式绩效分析[J].经济体制改革,2008(2):105-108.

[112] 闫俊霞.城市基础地理信息系统设计与开发[D].石家庄:河北师范大学,2009.

[113] 杨军.社会治理视角下的政府主导型土地流转性质分析[J].安徽农业科学,2012,40(25):1276-1278.

[114] 叶剑平,丰雷,蒋妍,等.2008年中国农村土地使用权调查研究——17省份调查结果及政策建议[J].管理世界,2010(1):64-73.

[115] 叶剑平,蒋妍,丰雷.中国农村土地流转市场的调查研究——基于2005年17省调查的分析和建议[J].中国农村观察,2006(4):48-55.

[116] 殷健.基于DEA的安徽上市公司融资效率研究[J].科技和产业,2015,15(12):99-104.

[117] 殷江涛.地理信息系统(GIS)在环境保护中的应用[J].低碳世界,2014(5):132-134.

[118] 游国勇.寿光市农村土地流转影响因素研究[D].杨凌:西北农林科技大学,2013.

[119] 岳意定,刘莉君.基于网络层次分析法的农村土地流转经济绩效评价[J].中国农村经济,2010(8):36-47.

[120] 展炜,何立恒,金晓斌,等.基于模糊综合评价的土地整理项目绩效评价[J].南京林业大学学报(自然科学版),2009,33(2):145-148.

[121] 张春霞,严新明.论土地保障与社会保障的性质和关系[J].阅江学刊,2014(3):28-35.

[122] 张浩,何明珂,张铁男,等.基于熵值法的企业战略绩效评价模型[J].统计与决策,2011(7):171-173.

[123] 张兰,冯淑怡,曲福田.农地流转区域差异及其成因分析——以江苏

省为例[J]. 中国土地科学,2014,28(5):73-80.

[124] 张梦琳. 农村集体建设用地流转:绩效分析及政策选择——基于苏州、芜湖、南海三地的流转实践[J]. 国土资源,2008(11):44-46.

[125] 张鹏. 基于 GIS 的土地开发整理项目管理信息系统的设计与实现[D]. 成都:电子科技大学,2012.

[126] 张宇,邓锋. 浅谈我国土地信息系统的建设与发展[J]. 价值工程,2010(23):139.

[127] 张志昆. 当前中国民间借贷研究[D]. 北京:中央民族大学,2010.

[128] 赵留军,景海涛,周复旦,等. 基于 GIS 的农村土地流转信息系统的研究与开发 [J]. 水土保持通报,2009,29(4):118-121.

[129] 郑重,郑丽波,史利江,等. 基于空间决策支持系统的"数字生态"系统研究[J]. 环境污染与防治,2008,30(3):94-96.

[130] 周建鹏. 农村土地承包经营权流转法律制度研究[D]. 新乡:河南师范大学,2010.

[131] 朱青青. 基于政府职能的绩效评估指标体系构建[D]. 湘潭:湘潭大学,2013.

[132] 诸培新,金焱纯,代伟. 区域间农地流转影响因素比较分析——基于江苏省农户调研的实证[J]. 中国土地科学,2011(11):21-26.

[133] 诸云强,宫辉力,赵文吉,等. 基于组件技术的地理信息系统二次开发——以地下水资源空间分析系统为例[J]. 地理与地理信息科学,2003,19(1):16-19.

[134] (日)速水佑次郎,(美)弗农·拉坦. 农业发展的国际分析[M]. 北京:中国社会科学出版社,2000:183-185.

[135] TESFAYE T, ADUGNA L. Factors Affecting Entry Intensity in Informal Rental Land Markets in the Southern Ethiopian Highland[J]. Agricultural Economics, 2004 (30): 117-128.

[136] YOTO POULOS P A, NUGENT J B. Economies of Development: Em2 Percale Investigations[M]. New York: Harper and Row, 1976.

附　录

《农地流转基本情况及流转效益》调查问卷

农地流转基本情况及流转效益调查问卷Ⅰ

（针对流出农地的农户）

调查地点：________省________市________县________乡________村

调查时间：________年________月________日

一、被调查者基本信息

1. 性别：　A□男　　　　B□女

2. 年龄：________岁。

3. 受教育程度：

A□小学及以下　B□初中　C□高中　D□大学

E□研究生及以上

4. 家庭人口数：________人。

5. 家庭承包土地面积________亩，其中可用机械化耕作的土地大概是________亩。有无撂荒，A□有　B□没有　　如果有，撂荒面积大概是________亩。

6. 您是否了解土地流转的相关政策？（　　）

A. 完全不了解　　B. 不太了解　　C. 一般了解　　D. 比较了解

二、当地农地流转基本情况

1. 当地常见的流转模式有哪些(多选)

A□转包　B□出租　C□互换　D□转让　E □入股

F □其他________

2. 是否进行土地整治工作?　A 是　B 没有

若进行整治,那么整治工作对您的哪些需求有所满足:

A. 完善了农田水利设施,改善耕作条件和生活环境

B. 促进了土地流转

C. 在参与整治的过程中可以提出自己的建议,既满足自身利益又利于相关工作的开展

3. 当地政府或者村委会有无相关政策鼓励土地在农户间的流转?

A□有　B□没有

如果有,具体方法是(比如是否有鼓励种粮大户的奖励):________。

4. 是否开展土地流转的相关宣传工作?　A 是　B 没有

若是,主要有哪些方式________________________。

5. 当地是否有土地流转相关的配套中介服务组织、法律援助部门和监管保障体系?A□有　B□没有

6. 现在国家鼓励土地规模经营,您是否愿意进行农地流转?(　)

A. □愿意　B. □不愿意,原因是________________。

7. 国家每年发放的种粮补贴为________元/年/亩,补贴发放给________(农户/种粮大户/合作社/企业)

8. 您对农地流转信息是怎么获得的?(　)

A. □流转中介　B. □村集体公告　C. □中间有人搭线

D. □直接找到对方　E. □网络平台　F. □其他________

9. 在进行土地流转时,交易的方式主要是(　)

A. □交易双方当面进行　B. □村委协调

C. □通过中介组织进行　D. □其他

三、农地流转相关信息

1. 您是否参与了土地流转？A □是　　B □否

若是，流转给了谁________。

A. 其他农户　　B. 种粮大户　　C. 企业　　D. 其他

流转面积：转入________亩/转出________亩。

如果是，双方是否签订了流转合同或协议？A□有　　B□没有

2. 如果进行了流转，流转面积：转入________亩/转出________亩；租金为________元/年/亩。

租金计量方式（　　）

A. □经协商确定的固定租金　B. □交易市场拍卖确定的固定租金

C. □当地政府的规定　　D. □收益分成　　E. □底租＋收益分成

F. □土地入股取得股份分红收益　　G. □其他________

双方是否签订了流转合同或协议？A □有　　B □没有

3. 家庭承包土地面积________亩，其中可用机械化耕作的土地大概是________亩。有无撂荒，A□有　　B□没有　　如果有，撂荒面积大概是________亩（流转前后变化）。

4. 流转前您每年在土地耕种上投入的时间是________天。

5. 您的家庭在耕作土地上每亩地需要________个劳动力。

6. 农地流转前您的农地纯收入是________元/亩/年；工资性收入是________元/年；年总收入是________元/年。

7. 农地流转前您家每亩地粮食产量大约是________斤/年。

8. 农地流转前您用于机械化耕作的资金投入是________元/亩。

9. 农地流转前您平均用于新品种、新技术的投入是________元/亩/年。

10. 农地流转前您每年每亩地施用化肥________千克。

11. 农地流转前您每亩地会喷洒农药________千克。

12. 农地流转前单位土地环境保护投入为________元/亩（即通过土

地流转在种树植草、防风固沙、保持水土等环境保护上资金投入量）。

13. 您对目前的土地流转是否满意？A □满意　　B □不满意

14. 农地流转前主要种植的作物是＿＿＿＿＿＿＿＿＿＿。

15. 农地流转前土地质量状况如何？＿＿＿＿（差、良、优）；
是否存在污染？A. 是　　B. 否；若是，主要的污染源是＿＿＿＿。

16. 您对当前的灌溉、排水设施是否满意　A. □满意　B. □不满意
若不满意，主要是哪些方面＿＿＿＿＿＿＿＿＿＿＿＿＿。

17. 农地流转前您在灌溉、排水方面的投入是＿＿＿＿元/亩/年。

农地流转基本情况及流转效益调查问卷Ⅱ

（针对流入农地的调查对象）

调查地点：＿＿＿＿省＿＿＿＿市＿＿＿＿县＿＿＿＿乡＿＿＿＿村

调查时间：＿＿＿＿年＿＿＿＿月＿＿＿＿日

一、被调查者基本信息

1. 性别：　A. □男　　B. □女

2. 年龄：＿＿＿＿岁。

3. 受教育程度：

A. □小学及以下　　B. □初中　　C. □高中　　D. □大学

E. □研究生及以上

5. 承包土地面积＿＿＿＿亩，其中可用机械化耕作的土地大概有＿＿＿＿亩。

6. 您对土地流转相关政策的了解程度（　　）。

A. 完全不了解　　B. 不太了解　　C. 一般了解　　D. 比较了解

二、农地流转基本情况

1. 当地常见的流转模式有哪些？（多选）

A. □转包　　B. □出租　　C. □互换　　D. □转让

E. □入股　　F. □其他________

2. 当地政府或者村委会有无相关政策鼓励农地流转？(　　)

A. □有　　B. □没有

如果有，具体方法是(比如是否有鼓励种粮大户的奖励)：________。

3. 当地是否有土地流转相关的配套中介服务组织、法律援助部门和监管保障体系？A□有　B□没有

4. 您对农地流转的信息是怎么获得的？(　　)

A. □流转中介　　B. □村集体公告　　C. □中间有人搭线

D. □直接找到对方　　E. □网络平台　　F. □其他________

5. 在进行土地流转时，交易的方式主要是(　　)。

A. □交易双方当面进行　　B. □村委协调

C. □通过中介组织进行　　D. □其他

三、被调查者农地流转信息

1. 您转入的土地主要来自于

A □零散农户　　B □整村转入(是哪个村庄________)

C □种粮大户________　　D □其他途径________

2. 流转后主要种植的作物是______________________________。

3. 每年的租金为________元/亩；

租金计量方式(　　)

A. □经协商确定的固定租金　B□交易市场拍卖确定的固定租金

C. □当地政府的规定　D □收益分成　E □底租＋收益分成

F. □土地入股取得股份分红收益　　G □其他________

双方是否签订了流转合同或协议？A □有　B □没有

是否取得承包经营权证？　A □是　　B □否

4. 流转后您在耕作土地上需要________个劳动力？

5. 流转后的总收入________元/亩/年；纯收益是________元/亩/年；

其中农地纯收入是________元/亩/年。

6. 流转后您每亩地粮食产量大约是________斤/年。

7. 流转后您平均用于新品种、新技术的投入是________元/亩/年。

8. 流转后您单位土地自有资金投入为________元/年;单位土地外部资金(如企业注入资金、银行贷款、国家补助等)投入为________元/年。

9. 流转后您用于机械化耕作的资金投入是________元/亩。

10. 流转后在灌溉、排水方面的投入是________元/亩/年。

11. 流转后每亩地施用化肥________千克。

12. 流转后每亩地喷洒农药________千克。

13. 流转后单位土地环境保护投入为________元/亩(指农地流转后在种树植草、防风固沙、保持水土等环境保护上资金投入量)。

14. 流转后您每年在土地耕种上投入的时间是________天。

15. 你对目前的土地流转是否满意? A □满意　B □不满意

16. 流转后土地质量状况如何? ________(差、良、优);

是否存在污染? A 是　B 否;若是,主要的污染源是________。

后　记

土地资源作为地球资源的重要组成部分之一，是社会一切生产、生活和建设所必需的物质条件。农村土地流转作为社会发展到一定阶段的产物，是传统农业向现代农业过渡的必经环节，科学规范的农地流转有利于实现土地资源的高效利用以及土地利用关系的协调化。农地流转绩效反映了农地流转后对社会、经济及生态可能带来的影响，科学评价农地流转后的绩效问题既有利于土地及农业部门的业务管理，也为农地流转相关主体进行决策时提供参考依据。

本书由河南省高等学校哲学社会科学研究“三重”重大项目(2014-SZZD-28)专项资助出版，同时本书的内容也是在笔者的博士学位论文基础上进行重新整理修改而成的。博士学位论文是在导师钱壮志教授的悉心指导下完成的，在论文和本书的撰写过程，还得到了长安大学地球科学与资源学院孔金玲教授、河南理工大学谢洪波教授、徐招峰老师的指导与帮助。在田野调查以及资料获取方面得到了荥阳市基层政府的大力支持，在此表示衷心的感谢。作为河南省高等学校哲学社会科学研究“三重”重大项目，在研究过程中十分注重不断推出阶段性研究成果，在国内核心期刊及国际学术会议上发表多篇论文，以扩大学术观点和政策建议的社会影响，同时也努力让学术研究能够应用于实践并产生影响。

农村土地流转是合理分配农地资源，发展现代农业的重要条件，推进农地流转也是我国目前农村土地改革的重要内容之一。农地流转过程本身是一个系统运作过程，在实践过程中农地流转所面临的问题也更为复杂。而农地流转绩效主要反映农地流转后实施的总体效果，表现在经济方面、社会方面和生态方面等，对农地流转绩效进行深入研究有助于我们更加深入地认知农地流转过程，为规范农地流转提供一定的借鉴。我们当前的研究只是对农地流转方面研究的一个开端，今后还需要付出更为深入艰辛的努力。